Ingo Chill

Handwerkszeug für Mundwerker

Kommunikative Strategien und Prinzipien

Grundlagen für alle, die in helfenden Berufen arbeiten

Bibliografische Information der Deutschen Nationalbibliothek: Die Deutsche Nationalbibliothek verzeichnet diese Publikation in der Deutschen Nationalbibliografie; detaillierte bibliografische Daten sind im Internet über dnb.dnb.de abrufbar.

© 2024 Ingo Chill
Verlag: BoD • Books on Demand GmbH, In de Tarpen 42, 22848 Norderstedt
Druck: Libri Plureos GmbH, Friedensallee 273, 22763 Hamburg
ISBN: 978-3-7597-8576-3

Inhalt

PROLOG..7

EINLEITUNG...10

Kommunikation..10

Modelle der Kommunikation......................12

Stichwort Helfende Berufe.........................16

Es wird nicht immer YAVIS sein.................18

ANKOPPELN...23

Logische Ebenen.......................................25

Wie können Sie nun in Ihrer Arbeit das Wissen um die Logischen Ebenen nutzen?...28

Loben wertschätzen und annehmen.........36

Pacing, Synchronisieren, Spiegeln............39

Wie bekomme ich jemand auf die Palme?.....43

Ein paar Worte zu Kommunikationstheorien.....45

Paraphrasieren..51

Ankoppeln und Wahrheit...........................52

MOTIVATION...61

Informationsoffensive................................61

Richtige Antworten....................................63

Reaktanz...65

Keine Verneinungen nicht und Wörter, die Sie meiden sollten ..72

Dead man's Rule..77

...wer nicht fragt, bleibt dumm..................78

Ziele und Wohlgeformtheit 82

Lösungsorientiert – hin zum Ziel 92

Konjunktiv 99

Zirkularität mit Konjunktiv 101

ERZÄHLEN LASSEN UND VISUALISIEREN 104

Visualisieren 107

Händisch Skalieren 115

ANGST UND VORBEHALTE NEHMEN 119

Information 119

Den eigenen Status senken 121

Als könne man kein Wässerchen trüben 123

ETHISCHER IMPERATIV 126

Alle Alternativen abdecken 130

GESPRÄCHE ABSCHLIESSEN, ZUKUNFT BAHNEN, ANGEKOPPELT
BLEIBEN 137

INFORMATIONSFLUSS 144

…im Team 144

…wer schreibt, der bleibt 147

Das Kapitel, das ich nie schreiben würde… 150

… UND NOCH EIN TERTIUM 153

ANHANG 155

LITERATURVERZEICHNIS 158

REGISTER 166

PROLOG

Wenn ich mich mit dem Gedanken trage, einen Kampfsport zu erlernen, so habe ich die Wahl zwischen klassischen-traditionellen Kampfkunstschulen oder moderner Selbstverteidigung. Bei dem einen lerne ich über viele Jahre ein komplettes und in sich geschlossenes System, beim anderen einzelne wenige, aber effektive Techniken in relativ kurzer Zeit.

Die Frage ist, zu welchem Zweck wähle ich das eine oder das andere? Beides hat seinen Sinn, beides hat seine Berechtigung.

Analog soll dieses Buch kein komplettes System darstellen, sondern eher in Richtung einer Handreichung in effektiver Kommunikation gehen.

Der erste Arbeitstitel dieses Buches war daher auch *Tooligan*. Eine Wortneuschöpfung aus *Hooligan* (jugendlicher Rabauke) und *Tool* (Werkzeug). Gedacht war es, Studierenden und Beginnern helfender Berufe Werkzeuge und Techniken für einen schnellen Einstieg in die erfolgreiche Kommunikation mit ihren Klienten zur Verfügung zu stellen. Sozusagen für jeden Anlass das entsprechende Tool. Ähnlich einem Schweizer Taschenmesser der Kommunikation.

Wie sich allerdings schnell herausstellte, war dies nicht möglich. Die einzelnen Interventionen, Techniken, Tools gehen so ineinander über, sind derart vernetzt und bedingen einander, dass das eine nicht vom anderen zu trennen ist. Klare Abgrenzungen (also Technik EINS, Technik ZWEI etc.) sind nicht möglich.

Anstelle von einzelnen Tools werden stattdessen klare Prinzipien aus verschiedenen Perspektiven beleuchtet und dargestellt. Diese Prinzipien sind grundlegend und allgemeingültig.

Dem Leser mag es vorkommen, als wiederholten sich einzelne Punkte. Und das ist korrekt, allerdings aus immer neuen Betrachtungswinkeln. Diese Perspektivwechsel und Wiederholungen sind zum Verständnis der jeweiligen Grundidee notwendig und daher gerade für Beginner im Bereich der Kommunikation vorteilhaft.

Es muss dabei beileibe nicht alles akzeptiert und übernommen werden. Der Leser mag das übernehmen, was ihm nützlich und richtig erscheint und was zu ihm, seinem Arbeitsfeld und seiner Aufgabe passt.

Noch ein paar Worte zur Warnung:

Erstes Wort

Dies ist kein *wissenschaftliches* Buch. Zwar strebt es nach Erkenntnisgewinn (für den Leser) durch die Vermittlung von anerkanntem Wissen und wirksamen Methoden. Referenzen sind jedoch nur insoweit genutzt und angegeben worden, damit Interessierte selbst entsprechend nachlesen und recherchieren können. Sie dienen somit nur als Richtungsweiser. Dieses Buch soll primär informieren und auch ein wenig unterhalten.

Zweites Wort

Dieses Buch könnte Spuren von Ironie und Sarkasmus enthalten.

„Nichts ist so schlecht, als dass es nicht noch als schlechtes Beispiel dienen könnte!", sagt der Volksmund.

Bestimmte Arten der Methodik gelten in der Vermittlung von Wissen als nicht zweckdienlich, um nicht zu sagen „böse". Zu ihnen gehören die sogenannte *Schwarze Pädagogik* (Nutzen von Negativbeispielen) sowie die Verwendung von Ironie und Sarkasmus. Alle drei werden in diesem Buch vom Autor genutzt, um bestimmte Prinzipien zu verdeutlichen.

Negativbeispiele sind durch einen grauen Balken am Rande gekennzeichnet, Ironie und Sarkasmus liegen als Freie Radikale vor.

Drittes Wort

Am 08.01.2024 veröffentlichte die *Lebenshilfe Saarbrücken* in der Jobbörse der Agentur für Arbeit eine Stellenannonce.

Die *Bundesvereinigung Lebenshilfe e. V.* ist ein 1958 gegründeter gemeinnütziger Verein. Sie versteht sich als Selbsthilfevereinigung, Eltern-, Fach- und Trägerverband, insbesondere für Menschen mit Behinderung und ihren Familien. Die Lebenshilfe unterstützt somit Menschen zur gleichberechtigten Teilhabe in der Gesellschaft. Sie steht an sich für Inklusion.

Die Stellenannonce enthielt u.a. folgende Textpassage:

IM FOLGENDEN IST AUS GRÜNDEN DER VEREINFACHUNG FÜR BEZEICHNUNGEN VON PERSONEN EINE SPRACHLICH NEUTRALE FORM GEWÄHLT, DIE ALLE GESCHLECHTER EINSCHLIESST. IN DER REGEL WIRD DIE MÄNNLICHE FORM BENUTZT, WOBEI ALLE GESCHLECHTER GEMEINT SIND.

Kurzgesagt, schließe ich mich dieser Sicht an.

EINLEITUNG

Wie einfach darf etwas dargestellt werden? Diese Frage stellt sich, wenn man einem interessierten Menschen beispielsweise einem Studenten der Sozialen Arbeit oder einem Neuling eines helfenden Berufes etwas über Kommunikation vermitteln möchte. Vor allem, wenn es weniger um das „*WAS ist Kommunikation?*", als vielmehr um das „*WIE kommuniziert man?*" geht – ganz konkret. Und das in einem professionellen Umfeld.

Wie viel Theorie ist dabei notwendig, wie viele Ausnahmen und Besonderheiten müssen und sollten beachtet werden?

WAS Kommunikation ist, darüber gibt es eine Vielzahl von Ansätzen und Tausende von Büchern. Inwieweit diese Theorien und Modelle allerdings helfen, *gut* zu kommunizieren, steht allerdings auf einem anderen Blatt.

Alleine diese Einleitung wirft diverse Fragen auf, die das oben genannte WIE beeinflussen: Was meint *professionelles Umfeld*?[1] Und wie definiert man eigentlich in diesem Zusammenhang *gut?*

Kommunikation

Wenn Sie bei einer „schnellen Enzyklopädie" mit hawaiianischer Namenswurzel das Wort *Kommunikation* nachschlagen,[2] so sehen Sie eine Flut möglicher Herangehensweisen und Zugangsversuche an dieses Thema. Es gibt handlungs-, problem- oder signaltheoretische Herangehensweisen und Kommunikation kann natur-wissenschaftlich, biologisch, psychologisch, verhaltenstheoretisch oder systemtheoretisch betrachtet werden. Es ist davon auszugehen,

---

[1] Bezogen auf Helfende Berufe und Soziale Arbeit
[2] https://de.wikipedia.org/wiki/Kommunikation

dass diese Aufzählung bei Weitem nicht abschließend ist. Was haben diese Definitionen und daraus hervorgehenden Modellen gemein? Sie versuchen, gleich einer Weltformel, alle Beschreibungen und beobachtbare Phänomene von Kommunikation in eine (meist sehr umfassende) Beschreibung zu zwängen.

Wenn in Ausbildung oder Studium um Anleitung bezüglich Kommunikation gebeten wird, wird meist auf *später* verwiesen, auf eine kommunikative Zusatzausbildung, die Praxisphase oder auf den gesunden Menschverstand und die sich entwickelnde Berufserfahrung. Das ist zumindest das, was man von Studierenden und Berufsanfängern hört, wenn man sich nach ihren Erfahrungen diesbezüglich erkundigt. Und es lässt sich leicht erraten, WAS sich Studenten wünschen – oder man fragt einfach danach.

Wozu also überhaupt dieses Buch? Kommunizieren kann doch jeder. Und es stimmt: Wir alle kommunizieren (immer)! Senden Informationen aus, empfangen Informationen und das Ganze meist (na ja, eigentlich immer) gleichzeitig.[3] Und vor allem, wir interpretieren immer und durchgängig diese Informationen. Manchmal bewusst und meist unbewusst. Und selbst, wenn wir uns sicher sind, bewusst zu interpretieren, so sagt die Forschung diesbezüglich etwas anderes.

Betrachtet man *Kommunikation Erlernen* als ein Spektrum, so wäre an dem einen Ende der Skala die Art der Kommunikation, wie sie *jeder* Mensch von Geburt an erlernt (also vor allem automatisch bzw. selbstverständlich) oder wie sie angeboren ist (Teile der Kommunikation, vor allem nonverbale Anteile - beispielsweise die Mimik - sind nun mal angeboren).

---

[3] Menschen senden **und** empfangen immer und zum gleichen Zeitraum Informationen/Botschaften. Die Art wie ich eine Botschaft empfange (*entsetzt, gelangweilt, erfreut*) ist gleichzeitig schon wieder Botschaft für und an meinen Kommunikationspartner

Am anderen Ende der Skala befände sich Kommunikationsformen, die über längere Zeiträume erlernt werden müssen (ggf. mit hohem finanziellem Aufwand) und die vielleicht nicht sofort dem entsprechen, was einem der gesunde Menschenverstand nahelegt. Hierzu zählen unter anderem die Kommunikationsformen, die in therapeutischen Zusammenhängen entwickelt wurden.

Zwischen diesen beiden Polen lägen dann all die anderen Formen und Arten, die es sonst noch in all ihren Abstufungen gibt wie beispielsweise die Kommunikation im Dienstleistungssektor, klassische Verkaufsgespräche, verschiedene Arten der Beratung, Werbung, Rhetorik und Propaganda, um nur einige zu nennen.

Das Ganze kann natürlich auch anders betrachtet werden. Nicht aus der 'Lernperspektive' (also von automatisch/selbstverständlich bis hin zu langandauernd erlernt), sondern inwieweit sie Menschen aktiv beeinflusst, verändert oder bei einer Veränderung des Denkens, Fühlens und Handels hilft.[4]

In beiden Fällen fände sich die Kommunikation, die in helfenden Berufen bzw. Sozialen Bereich eingesetzt wird, zwischen diesen beiden Polen des Spektrums. Im Idealfall allerdings mehr auf der Seite der erlernten und an therapeutischen Belangen orientierten Kommunikationsformen.

Modelle der Kommunikation

Theoretische Modelle der Kommunikation stehen „außerhalb" dieser oben genannten Spektren. Man könnte natürlich streiten, ob man diese Modelle dann den *theoretischen Unterbau* (also die Basis bildend) oder *theoretischen Überbau* (alles unter sich vereinnahmend/einschließend) nennen möchte. In dieser Arbeit verwende ich, falls nötig, den Begriff des *theoretischen Überbaues*.

---

[4] Oder all dies zumindest anstrebt.

Die theoretischen Modelle nehmen zum einen für sich in Anspruch, jeglichen Informationsfluss bzw. jegliche Handlungen zwischen Menschen, die als Kommunikation gewertet werden können, in ihr Modell integrieren zu können und somit *Realität* abzubilden.

Zum anderen machen sie geltend, diese Handlungen anhand dieser Modelle erklären zu können. Allerdings erst - wie sollte es anders sein - in der Analyse. Also im Nachhinein.[5]

Allgemein werden Modelle dafür entworfen, um Vorhersagen zu treffen. Doch genau dieser letzte Schritt gelingt bei Modellen der Kommunikation nicht mehr.

Um es anschaulicher zu formulieren:
Helfen diese Modelle – im Vorhinein – besser zu kommunizieren? Hilft ein wie auch immer spezifiziertes Modell der Sprache und der Kommunikation einem Marsmännchen, auf korrekte Art und Weise ein Brötchen in der Bäckerei zu kaufen? Nein, das muss es anders lernen.

Die Fragen, *warum* und *wie* diese (wirklich sehr theoretischen) Modelle helfen sollten mit Kunden, Klienten, Patienten, Probanden zu sprechen, stellt sich nicht wirklich.

Sollten Sie mir nicht glauben, so werfen sie einen Blick auf ein Modell zu Gesprächsführung in der Sozialen Arbeit (Abb.1, S.14):

---

[5] Es gibt ja das Bonmot (besser, die Medisance), dass ein Fachmann jemand ist, der im Nachhinein genau erklären kann, warum er sich geirrt hat – natürlich anhand des von ihm entwickelten Modelles

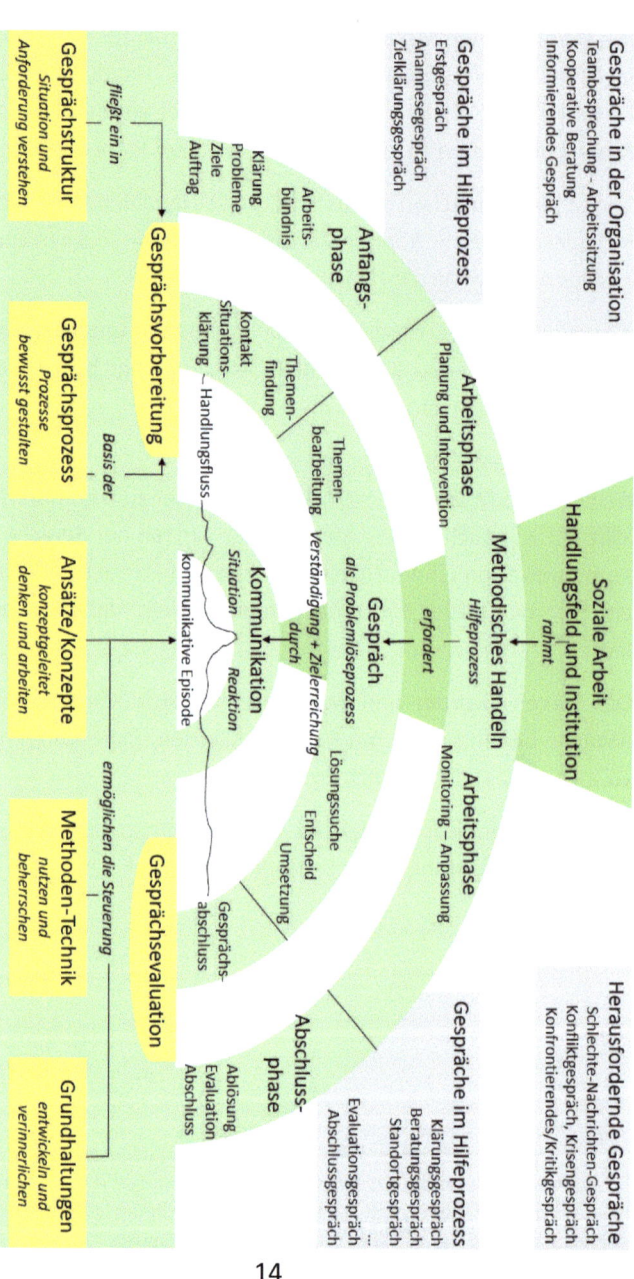

Abb.1 Orientierungsmodell zur Gesprächsführung in der Sozialen Arbeit

Eigene Darstellung nach: Widulle, W. (2020). Gesprächsführung in der Sozialen Arbeit, Grundlagen und Gestaltungshilfen (3.Ausg.). Wiesbaden: Springer-VS. S. 22

Nebenbei bemerkt ist die oben aufgeführte Graphik auch eine schöne Veranschaulichung des Bonini-Paradoxons: in dem Maße, wie versucht wird ein komplexes System vollständig (durch ein Modell) abzubilden, in dem Maße nimmt seine Verständlichkeit ab.[6]

Theoretische Modell der Kommunikation sind für den Praktiker also wenig hilfreich (nach Valéry unbrauchbar). Deduktiv zu arbeiten (also von der Theorie – hier *Modell* - zum konkreten Fall) gelingt nicht. Zumindest nicht im Feld der Kommunikation.

Wie viel Theorie benötigt nun dieses Buch? Genauso viel, wie die Jugendhilfe eingreifen soll:
So viel wie nötig, so wenig wie möglich.[7]
Und als Ergänzung: **um ihr Ziel,** wie auch immer es definiert ist, **zu erreichen.**

Wie also lernt der Adept[8] nun sein Hand- oder besser sein Mundwerk? Indem das Pferd von hinten aufgezäumt wird: *induktiv.* Also vom Beispiel hin zur Theorie.
Der Adept bildet auf diese Weise dann sein eigenes Modell, seine eigene Theorie. Und diese muss nicht unbedingt identisch mit der Theorie seines Lehrers oder der Kommunikativen Schule, der sie entspringt, übereinstimmen.

Kommen wir auf die oben genannten Begriffe des (professionellen) *Umfeldes* und des Begriffes *gut* zurück.

---

[6] Oder wie der Lyriker und Philosoph Paul Valéry sagte: „Alles Einfache ist falsch, alles Komplizierte unbrauchbar."
[7] Vollversion: So viel **Hilfe** wie nötig, so wenig **Eingriff** wie möglich
[8] *Adept* (von lateinisch „adeptus": jemand der etwas erreicht hat) ist die Bezeichnung für eine Person, die in die Geheimnisse der Alchemie - also einer Geheimlehre - eingedrungen ist.

Wodurch unterscheidet sich professionelles Umfeld helfender Berufe und speziell der Sozialen Arbeit vom „normalen" Dienstleistungssektor? Da müssen wir ein bisschen ausholen.

Stichwort Helfende Berufe

Helfende Berufe sind Berufe in denen Menschen einfach formuliert *gepflegt, behandelt, beraten* oder *betreut* werden. Beispiele dafür sind (Not-)Ärzte, Krankenschwestern, Medizinische Fachangestellte, Rettungsdienste, Hebammen, Diätassistenten, Krankengymnasten, Sozialarbeiter, -pädagogen, Suchtberater, Altenpfleger, Psychotherapeuten, Ergotherapeuten, Heilerziehungspfleger, Seelsorger und Bewährungshelfer.

Helfende Berufe im Allgemeinen und die unterschiedlichen Felder der Sozialen Arbeit im Speziellen haben für ihre Arbeitsfelder jeweils eigendefinierte Ziele, die sie erreichen wollen, sollen oder müssen. Zu diesen Zielen gehört eine dazu jeweils passende Zielgruppe – die Klienten (also die Empfänger der wie auch immer gearteten sozialen Dienstleistung).[9] Diese sozialen Dienstleistungen können auf unterschiedlichste Art und Weise beschrieben werden. Jegliche Facetten darzustellen würden dieses Buch sprengen. Es sollen daher

---

[9] Um sich eine Vorstellung machen zu können. Alleine im Sozialen Bereich wird, je nach Quelle, von etwa 17 Arbeitsfeldern mit bis zu 150 Arbeits-bereichen ausgegangen, beispielsweise:
Allgemeiner Sozialer Dienst, Erziehungs- und Familienberatung, Soziale Gruppenarbeit, Erziehungsbeistand und Betreuungshelfer, Sozialpädagogische Familienhilfe, Erziehung in einer Tagesgruppe, Vollzeitpflege, Heimerziehung und betreutes Wohnen, intensive sozialpädagogische Einzelbetreuung, Kinder- und Jugendarbeit, Frühförderung, Jugendberatung, Jugendberufshilfe, Jugendgerichtshilfe, Kinder- und Jugendpsychiatrie, Streetwork, Vorschulerziehung, Schulsozialarbeit, Betriebssozialarbeit, Bewährungshilfe, Kinder- und Jugendgesundheitsdienst, soziale Dienste in Werkstätten für behinderte Menschen, Drogenberatung, Arbeit mit Migranten/Asylbewerbern/Flüchtlingen, Betreuung von Menschen mit Behinderungen, Gemeinwesenarbeit, Zirkuspädagogik, Erlebnispädagogik, Museumspädagogik, Medienpädagogik sowie Verwaltung, Forschung, Fortbildung und Lehre, Seniorenarbeit, Sexualpädagogik, Erwachsenenbildung, Nichtsesshaftenhilfe/Wohnungslosenhilfe, rechtliche Betreuungen, Straffälligenhilfe. **etc.**

nur grobe (und nicht abschließende) Klassifizierungen angegeben werden:

Die Klienten können sich einerseits Dienstleistungen und Unterstützung aktiv einholen (Stichwort *Komm-Struktur*) – niedrigschwellig oder an mehr oder minder reglementierte Vorgaben gebunden (beispielsweise an eine bestimmte Altersstruktur, Geschlecht, finanzielle Situation etc.).
Oder die Mitarbeiter des Sozialen Bereiches gehen andererseits aktiv auf ihre Klienten zu, gegebenenfalls sogar aktiv auf die Suche nach diesen (Stichwort *Aufsuchende Arbeit*).

Leistungen können *freiwilligen* oder *Zwangsmaßnahmen* zugeordnet werden oder in *präventive* und *intervenierende*, in *beratende*, *begleitende/betreuende* unterschieden werden.

Darüber hinaus kann man zwischen *zusätzlichen Angeboten* im Gegensatz zu *staatlichen Pflichtaufgaben* (Schutz- und Wächteramt) unterscheiden.

Eine Vielzahl von Unterscheidungsmöglichkeiten, und doch kann es bei ein und derselben Dienstleistungsstelle jegliche Mischform der oben genannten Dienstleistungen geben.

Ebenfalls wichtig bei der konkreten Ausgestaltung der Arbeit und damit der Kommunikation ist die sogenannte *Mandatsfrage*. Nach wessen Mandat arbeitet der Helfer? Wer legitimiert, wer gibt den Auftrag? Der Klienten, der eigene Arbeitgeber? Arbeitet der Helfer nach Maß- und Vorgaben des Staates oder allgemein für Gesellschaftsinteressen?
Eher die Regel als die Ausnahme sind im Sozialen und helfenden Bereich Doppel- und sogar Tripelmandate. Und diese widersprechen sich zudem noch häufig. Doch auch diese Unterteilungen sollen hier nur angedeutet werden.

All dies bisher Genannte sind mögliche Unterscheidungskriterien in der Arbeit der Helfenden Berufe.

Was aber ist das Verbindende?

Trotz all dieser Unterscheidungen hat der einzelne Helfer einen wie auch immer gearteten *Auftrag* und somit eine *Zielsetzung*, die er umsetzen möchte oder umzusetzen hat. Alles, was ihm hilft diesen Auftrag und seine (vielleicht selbstgesetzte) Zielsetzung zu erreichen, ist in diesem Sinne als *gut* zu bezeichnen. Und gleichgültig wie dieses Ziel definiert ist, das Werkzeug, welches der Helfer/Mitarbeiter im Sozialen Bereich in der Arbeit mit Klienten beständig braucht und nutzt, ist *Kommunikation*. Sowohl die verbale als auch die nonverbale Kommunikation. Fachwissen und eine spezielle Zielsetzung ist eine Sache – wie man diese an die jeweiligen Klienten, den Mann, die Frau, das Kind, den Jugendlichen, den Kooperationspartner etc. bringt, eine andere Sache - und Thema dieses Buches.

Es wird nicht immer YAVIS sein

Neben dem Primat der Kommunikation gibt es noch etwas Verbindendes: Die Kundschaft der jeweiligen Dienstleistung - die Klienten selbst.

Diese Klienten sind Menschen, die sich nicht (mehr) helfen können, allerdings Hilfe benötigen. Dies scheint ein profaner Punkt zu sein, ist es jedoch nicht.

Psychotherapeuten wurde seit den 70er und 80er-Jahren vorgeworfen, sie bevorzugten eine Klientel für die das Akronym **YAVIS** stünde: *young, attractive, verbal, intelligent, successful* (alternativ *sensible/sophisticated*). Also *jung, attraktiv,* sich *verbal* gut ausdrückend, *intelligent* und für das *S* gab es verschiedene Vorschläge wie *erfolgreich, vernünftig* oder *gebildet*. Da dieses Akronym YAVIS und damit diese Zuschreibung für viele Jahre genutzt wurde, sahen es einige Psychotherapeuten als notwendig an, in einer

Umfrage von *Psychology Today* 2009 [10] zu betonen, dass Therapeuten keineswegs YAVIS-Klientel bevorzugen. *Motivation, Offenheit* und *Selbstbeobachtung (MOS)* wären bei ihren Patienten vollkommen ausreichend.

Was wie ein schlechter Witz erscheint, beinhaltet jedoch eine tiefere Wahrheit. Nicht in Bezug auf Psychotherapeuten, sondern auf die Klienten der Helfenden Berufe und die Soziale Arbeit. Gerne hätten diese auch *motivierte, offene* und *selbstreflektierte* Kunden - es dürfte allerdings offensichtlich sein, dass dem im Sozialen und Helfenden Bereich nicht so war, so ist oder so sein wird. Denn genau darüber lassen sich diese Klienten u. a. definieren. **MOS**-Klienten können sich meist selbst helfen. Helfende Berufe haben dagegen häufig eine **Non-MOS** Kundschaft.

Und genau diese **Non-MOS** Kundschaft kommt nun einfach zum Helfer und seiner Institution, wird geschickt, einfach zugewiesen oder muss aufgesucht werden.

Der Unterschied zu anderen Serviceleistungen: Erfüllen die Klienten die reglementierenden Zugangskriterien (der jeweiligen Maßnahme s. o.) so *müssen* sie als Klienten, Patienten oder was auch immer von diesen Helfern angenommen werden. Die Freiheitsgrade der Helfer, diese Menschen als Klienten zu nehmen oder nicht zu nehmen, ist in solchen Fällen sehr eingeschränkt.

Gehen wir wieder einen Schritt zurück und schauen uns ersatzweise für den gesamten Themenbereich des Helfens Elemente verschiedener Definitionen Sozialer Arbeit an.

Überschneidungen finden sich bei diesen Definitionen in folgenden Begriffen und Zielen:

---

[10] Howes, R. (30. Dezember 2009). The Ideal Psychotherapy Client, Are you a YAVIS? Psychology Today. Abgerufen am 7. Februar 2024

Gegenstand Sozialer Arbeit ist...

Negativ ausgedrückt

...das Lösen, Lindern oder Verhindern praktischer sozialer Probleme[11]

und Positiv ausgedrückt

...die Förderung der sozialen Entwicklung von Menschen

...die Förderung der Autonomie und Selbstbestimmung

...die Ermutigung und Befähigung, das Leben aktiv zu gestalten und die Herausforderungen des Lebens zu meistern[12]

Wir haben nun einerseits stark vereinfacht die Ziele der Sozialen Arbeit (des Helfens) beschrieben und andererseits die Gemeinsamkeiten der Klienten.

Zusammengefasst sollen Helfer demnach ihre Klienten zu *offenen, motivierten* und *reflektierten* Mitbürgern machen – zumindest aber sollen diese so handeln, als seien sie *offen, motiviert* und *selbstreflektiert* und zusätzlich müssen sie das alles selbst wollen und in der Lage sein oder in sie versetzt werden können, dies auch zu tun.

Hätte die Soziale Arbeit tatsächlich **MOS**-Klienten, so ginge es lediglich um das Geben von Informationen bzw. deren **Über**mittlung. Den Klienten würden nach dieser Theorie lediglich Informationen fehlen, die ihnen dann einfach gegeben werden müssten - und alles wäre gut.

Ist es aber leider nicht, da Helfer bekannterweise in den meisten Fällen nicht eine derartige Kundschaft haben. Es geht daher vielmehr um Informations**ver**mittlung:

---

[11] https://de.wikipedia.org/wiki/Soziale_Arbeit
[12] https://www.soziales-studieren.de/infos/soziale-arbeit/

- Wie bekomme ich Menschen dazu, das zu tun, was in diesem Augenblick notwendig ist (nach wessen Meinung auch immer)? (*Motivation*)
- Wie erweitere ich Ihre Sicht der Welt? (*Offen* sein)
- Wie halte ich Ihnen (wenn notwendig) einen Spiegel vor (*Selbstreflexion*)?

Und das alles unter dem Vorbehalt der *Autonomie* und *Selbstbestimmung*? Dies sind Bedingungen, die sich scheinbar widersprechen und es (nebenbei bemerkt) auch tatsächlich tun.

Natürlich gibt es Profis und Einrichtungen, die durch viel Erfahrung oder viel (kommunikative und therapeutische) Fortbildungen genau wissen, wie so etwas geht. Doch wie erhält der Helfer und sein Klient Zugang zu genau diesen Profis und Einrichtungen? Das ist ja wiederum eine der Aufgaben des Helfers – die adäquate Weitervermittlung, die er ja kommunikativ begleiten muss.

Und vor allem: Was macht der Helfende in der teilweise monatelangen Warte- und Übergangszeit mit seinen Klienten? Was und wie spricht man (bis dahin) mit seinen Klienten? Was kann, muss und soll man tun? Und was am besten unterlassen?

Denn etwas muss der Helfende tun. Reden zum Beispiel. Und genau darum geht es in diesem Buch.
Und wenn er schon reden muss (und auch möchte), so sind die ersten beiden Teile der *hippokratischen Tradition* dabei ein guter Richtungsgeber: ***„primum non nocere, secundum cavere"***. Erstens *nicht schaden* und zweitens *vorsichtig sein*.
Das Tertium *„sanare"* („heilen") überlassen wir dann anderen.[13]

---

[13] Und da wir keine Heiler, Ärzte oder Psychotherapeuten sind – noch ein Tipp: Repariere nicht, was nicht kaputt ist! Denn das schadet nur.

Oder mit den Worten eines arabischen Sprichwortes:

Weisheit

Wenn du redest, sollte deine Rede besser sein, als dein Schweigen gewesen wäre.

ANKOPPELN

Stellen Sie sich eine Person im Service einer Gastronomie vor, die bei den Bestellungen ihrer Gäste höflich zuhört, sich positiv verhält und Äußerungen von sich gibt wie *„Okay"* oder *„Kommt sofort!"*.

Und nun stellen Sie sich eine Servicekraft vor, ebenfalls höflich und positiv, die demgegenüber die Bestellung der Gäste einfach nur wortwörtlich wiederholt: *„Ein Kaffee! ...Ein Latte mit Sojamilch! ...und ein Espresso ..."*

Beide bringen zuverlässig das Bestellte zu den Gästen, doch...

...wer von den beiden erhält wahrscheinlich das höhere Trinkgeld?

Wie Sie vielleicht schon ahnen, ist es die zweite Bedienung. Aber hätten Sie gedacht, dass der Unterschied des gegebenen Trinkgeldes bis zu 70 % ausmacht?[14]
Doch was ist der Grund für dieses Ergebnis?

Behauptung

Menschen wollen wahrgenommen werden! [15]

Wenn Sie dieses grundlegende menschliche Bedürfnis immer im Blick behalten und erfüllen, werden Sie die Erfahrung machen, dass Sie mit

---

[14] Van Baaren, R., & Holland, R. (2003). Mimicry for Money: Behavioral Consequences of Imitation. *Journal of Experimental Social Psychology*, 393ff / Goldstein, N., Martin, S., & Cialdini, R. (2018). YES (2. Ausg.). Bern: Hogrefe
[15] Wahrgenommen, hier im Sinne von a) **erkennen**: etwas oder jemanden so deutlich wahrnehmen, dass man weiß, was oder wer es ist, oder b) **anerkennen**: jemanden akzeptieren und respektieren.
SPEKTRUM der Wissenschaft. (2024). Therapeutische Allianz, Dem Menschen sein Selbstbild lassen. *Gehirn&Geist*(Nr. 06/2024)

Ihren Gesprächspartnern und somit auch mit Ihrer Kundschaft sehr viel besser zurechtkommen. Es ist, als ob etwas, das zwischen ihnen stand, aus dem Weg geräumt worden ist. Die Energien und gedanklichen Leistungen, die Ihr Gegenüber dafür verbrauchte, sich vermeintlich vor Ihnen zu schützen und/oder Ihnen seinen Wert zu beweisen, muss dann nicht mehr aufgewandt werden. Dies entlastet Ihr Gegenüber derart, dass er sich viel besser auf die eigentlichen Dinge konzentrieren kann – was in diesem Falle der Inhalt des Gespräches mit Ihnen ist. Wenn Ihnen gelingt, dieses Bedürfnis zu erfüllen, sehen Sie dies an der Körperhaltung ihres Gegenübers, an der gesamten Körpersprache, der Ausdrucksweise und an den Inhalten des Gespräches, welches sich wahrscheinlich nun mehr um Zukünftiges, als um (erklärendes) Vergangenes dreht.

Wie gelingt es Ihnen aber nun, einen anderen Menschen wirklich wahrzunehmen?

In erster Linie durch zuhören.

Weisheit

„Die Natur selbst hat dem Menschen eine Zunge, aber zwei Ohren gegeben, damit wir von den anderen doppelt so viel hören, wie wir selbst reden."

Epiktet, griech. Philosoph

Die eigentliche Frage ist allerdings: Wie gelingt es Ihnen, einen anderen Menschen *zu zeigen*, dass Sie ihn wahrnehmen? Denn dies ist der Unterschied, der einen Unterschied macht: Die Kunst des Ankoppelns.

Die einfachste Herangehensweise dabei ist, sich einfach selbst zu fragen: *„Wann fühle ich mich wahrgenommen?"*
Voll und ganz - als die Person, die ich bin?

Wann würde ich mich wahrgenommen und akzeptiert fühlen? Würde ich mich selbst durch das, was ich tat und gerade tue (beim und für den anderen), wahrgenommen und akzeptiert fühlen?

Oder mit der unsterblichen Sandkastenphilosphie:
„Behandle andere so, wie du selbst behandelt werden willst."

Logische Ebenen

Sie können natürlich auch strukturiert an die Sache herangehen. Dafür bieten sich die *Logischen Ebenen* nach Robert Dilts an.

Einschub

Logische Ebenen
auch Neurologische Ebenen genannt.

Robert Dilts (neben Richard Bandler und John Grinder), einer der Mitbegründer des NLP (Neurolinguistisches Programmieren), entwickelte in Anlehnung an die logischen Ebenen von Gregory Bateson eine Beschreibung der Hierarchisierung von Lern- und Kommunikationsprozessen. Diese Ebenen bauen in folgender Reihe von unten nach oben aufeinander auf:
Umwelt, Verhalten, Fähigkeiten, Glaubenssätze/ Werte, Identität/Selbstbild *und* **Sinn.**

Die Logischen Ebenen werden daher meist in Pyramidenform dargestellt, wobei die Basis die **Umwelt** *bildet und* **Sinn** *die Spitze. Die Ebene über einer anderen beeinflusst Handeln, Denken, Lernen und Veränderung eines Individuums stärker als umgekehrt.*[16]

SINN

IDENTITÄT SELBSTBILD

WERTE GLAUBENSSÄTZE

FÄHIGKEITEN

VERHALTEN

UMWELT

---

[16] Trageser, W., & Münchhausen von, M. (2000). Die NLP-Kartei, Practitioner-Set. Paderborn: Junfermann

Da der obige Einschub sehr theoretisch daherkommt, mag ein konkretes Beispiel helfen.

Beispiel

Um die Logischen Ebenen ein wenig zu verdeutlichen, gehen wir induktiv vor und bedienen uns eines kleinen Szenarios.

*Möchte jemand mit dem Rauchen aufhören oder jemand zielt darauf ab, dass ein anderer Mensch mit dem Rauchen aufhört, so könnte er (theoretisch) eine **Umwelt** schaffen, in der es keinen Tabak gibt.*

*Auf der Ebene des **Verhaltens** könnte man Rauchen mit Sanktionen belegen oder Nicht-Rauchen belohnen.*

*In Bezug auf **Fähigkeiten** könnte dieser Mensch lernen, was ihm das Rauchen „gibt" und wie er dies auf anderem Wege erreichen könnte. Wenn ihn das Rauchen entspannt – wie kann er auf anderem Wege Entspannung finden – beispielsweise in einer Stresssituation? Dient es hingegen dazu, mit anderen Menschen in Kontakt zu kommen – wie kann er in Kontakt kommen, ohne in der Raucherecke oder auf der -treppe stehen zu müssen? Hat derjenige nun eine solche Alternativfähigkeit entwickelt, hat dies nun wieder Auswirkungen auf die Ebene darunter (die **Verhaltensebene**) – er raucht nicht mehr.*

*Über der Ebene der Fähigkeiten liegen die **Glaubenssätze**. Ist jemand überzeugt, dass er nur mit einem tiefen Zug aus einer Zigarette entspannen kann oder er sich nur mit einer Zigarette in der Hand cool genug fühlt, mit anderen zu sprechen, werden alle Maßnahmen auf der Fähigkeitsebene scheitern. **Glaubenssätze** beginnen meist mit „Ich kann/kann nicht ...", oder „Menschen müssen ...", „Alle ...", „Niemand ...". Also beispielsweise: „Ich kann nur runterkommen, wenn ich mir meine Pausenzigarette gönne ...".*

Werte stehen meist für sich (beispielsweise Ehrlichkeit, Loyalität, Gesundheit etc.), sind aber sehr wirkmächtig.
Sind Sie überzeugt, dass Rauchen Körperverletzung an Ihnen und anderen ist, schlecht für die Umwelt oder ein Raucher ein schlechtes Rollenvorbild ist, werden Sie es wahrscheinlich lassen. Ist Ihr Wert allerdings Autonomie und steht im Zusammenhang mit dem Rauchen: „Ich lasse mir doch von denen da oben nicht vorschreiben, wie ich leben soll...", wird es schwierig.[17]

Auf der **Identitätsebene** können Sie sogar Ihre eigenen Werte verletzen. Auch wenn Sie überzeugt sind, dass Diebstahl verabscheuungswürdig ist – für ihr hungerndes Kind würden Sie es sehr wahrscheinlich tun.

Um auf unser Beispiel zurückzukommen. Wenn Sie als Raucher Elternteil werden („Ich möchte ein guter Vater/eine gute Mutter sein"), fällt es Ihnen wohl leichter mit dem Rauchen aufzuhören, als wenn Ihnen Ihr Partner sagt: „Hör mit den Glimmstängeln auf!"
Dies ist auch der Grund, warum auf der Fähigkeitsebene das reine Trainieren des „Nein-Sagens" in der Präventionsarbeit nichts bringt – es fehlt das „Wofür tue ich das eigentlich?!"[18].

An der Spitze der Pyramide steht **Sinn,** den man sprachlich auch mit höherem Sinn oder Spiritualität gleichsetzen kann. Er ist etwas höchst Individuelles und spielt in unserem Zusammenhang eher keine Rolle. Die oben beschriebenen Mechanismen des Einflusses auf die darunter liegenden Ebenen sind jedoch identisch.

---

[17] Darauf zielt genau die Werbung ab. Das Symbol Marlboro-Mann stand erfolgreich bis 2017 als rauchender Cowboy *für unabhängigen Lebensstil, Männlichkeit, Coolness* und *Kraft.* Vier Darsteller des Marlboro-Manns starben übrigens an Lungenerkrankungen.
[18] à la Nietzsche: *„Gib dem Menschen ein Warum und er erträgt jedes Wie!"*

Wie können Sie nun in Ihrer Arbeit das Wissen um die Logischen Ebenen nutzen?

Zur Erinnerung: *Menschen wollen wahrgenommen werden.*
Was können Sie tun, damit sich Menschen auf der Ebene der **Umwelt** wahrgenommen fühlen? **Umwelt** können Sie hier auch getrost durch *Rahmenbedingungen* oder *Infrastruktur* ersetzen.
Soziale Einrichtung sind meist unterfinanzierte Einrichtungen, die in vielen Fällen nicht gerade einladend aussehen. Der Arzt und Autor Dr. Dr. Manfred Spitzer gab einmal zu bedenken, was es über unsere Gesellschaft aussagt, dass Banken im Innern so aussehen, wie sie aussehen und unsere öffentlichen Schulen ... anders. An den Räumlichkeiten können Sie als Mitarbeiter in aller Regel nur marginal etwas verändern.[19]

Menschen, die Hilfen benötigen, fühlen sich häufig auch dadurch belastet, dass sie sich als hilflos, als Bittsteller, als nicht für sich selbst Sorge tragen könnend empfinden. Wartebereiche in Institutionen, die an sich schon depressive Episoden auslösen können, machen dieses Empfinden nicht besser. *Bloß nicht auffallen ... ich schäme mich ... was wird passieren? ... wird alles gut? ... kann man uns helfen?*

Demgegenüber: Was würde passieren, wenn ein Spitzenkunde eines gehobenen Kreditinstitutes tatsächlich einmal warten müsste? Sie werden es erahnen. Ein gut gekleideter Mitarbeiter würde prompt einen Sitzplatz und eine Auswahl an Getränken anbieten, der Kundenberater selbst oder sein Vertreter kämen kurz vorbei, entschuldigten sich und würden versichern, dass er (der Kunde) gleich die volle Aufmerksamkeit(!) erhalten werde.

Um den eigentlichen Punkt zu verdeutlichen noch ein weiteres Exempel: Stellen Sie sich vor, Sie sind im Baumarkt und haben nur

---

[19] Blumen und Farben sollen helfen

EINE klitzekleine Frage. Wer kennt dies nicht? Der Mitarbeiter, den Sie tatsächlich nach längerem Suchen finden, ist allerdings im Gespräch mit einem anderen Kunden und dieser stellt Frage auf Frage. Sie werden nervös, irgendwann ärgerlich, sogar genervt.

Was würde passieren, wie würden Sie reagieren, wenn der Mitarbeiter Sie kurz anschauen und freundlich sagen würde: *„Ich bin gleich für Sie da!"*, um sich dann wieder seinem eigentlichen Kunden zuzuwenden?

Sie wären wahrscheinlich entlastet – wie die meisten. Denn nicht das Warten nervt uns, sondern das Nicht-Beachtet-Werden, die Angst nicht wahrgenommen worden zu sein.

Was ist nun dieser Punkt, den ich meine?

Es geht nicht darum, dass Sie Ihren Kunden Kaffee anbieten sollen. Es geht um die Einstellung und innere Haltung Ihrer Aufgabe und Ihren Klienten gegenüber. Anstatt gestresst über die Flure zu eilen, versuchend den Augenkontakt zu vermeiden, können Sie, falls Sie Ihre Kunden sehen, diese tatsächlich, vielleicht sogar freundlich, begrüßen und etwas sagen wie: *„Ich bin gleich für Sie da"* – vielleicht sogar erklärend: *„Ich bringe X gerade noch zu Y und bin dann ..."*

Es ist erstaunlich, aber derart wahrgenommen, zeigen viele Menschen (wenn sie nicht schon sehr verärgert sind) großes Verständnis, Großzügigkeit und Hilfsbereitschaft.

Beobachten Sie, wie auf den Fluren, an den Türen und Rezeptionen mit den Klienten umgegangen wird – wie möchten Sie selbst empfangen und angesprochen werden?

Die Königsklasse bei dieser Vorgehensweise ist es, Ihr Gegenüber sogar mit seinem Namen oder einer Information anzusprechen.

„Hallo Herr Müller, ... wieder besser mit dem Rücken?", „Frau Meyer ... eine neue Frisur?" Wenn Sie mir nicht glauben, sprechen Sie mal die Mitarbeiter in einem Supermarkt oder Baumarkt mit Namen an (der üblicherweise auf einem Namensschild steht). Die Reaktionen und die darauffolgende Hilfsbereitschaft werden für sich sprechen.

Auf der Ebene des **Verhaltens** sind Sie ja schon aktiv auf Ihre Kunden zugegangen. Doch wie können Sie beim Verhalten Ihrer Kunden ankoppeln?

Sie können ihm oder ihr beispielsweise danken, dass sie so pünktlich erschienen sind, überhaupt erschienen sind, soviel Interesse an ihrem Kind zeigen, dass sie diese zusätzliche Arbeit auf sich nehmen, diese Entscheidung getroffen haben etc. Egal, ob aus einer Not heraus, aus eigenem Antrieb oder einem Zwangskontext: Fakt ist, aus irgendeinem Grund ist Ihr Kunde erschienen und redet mit Ihnen. Etwas im Verhalten können Sie immer würdigen. Und selbst wenn es Ihnen selbstverständlich erscheint - weder ist es das, noch zeigen Sie Schwäche oder Anbiederung, wenn Sie dies tun: Loben und Würdigen.

Die nächsthöhere Ebene ist die Ebene der **Fähigkeiten**. Während Sie bei **Verhalten** gegenwartsbezogen arbeiten, können Sie bei **Fähigkeiten** zum *Ankoppeln* auch vergangenheitsbezogen arbeiten. Sie können beispielsweise nachfragen, was Ihr Gegenüber oder die Familie bisher schon getan hat, um das Problem, weswegen sie gekommen sind, zu lösen oder mit dem Problem umzugehen. Dies ist zwar streng genommen auch **Verhalten**, zeigt aber indirekt **Fähigkeiten**.[20] Und diese können Sie wiederum würdigen. *„Da haben Sie aber schon viel gemacht ...", „Unglaublich, was Sie schon alles versucht haben ...", „Das hätte ich auch als erstes ausprobiert ..."* (siehe auch *Den Eigenen Status senken* S. 121).

Sie können auch (vermutete) Fähigkeit benennen/anbieten:

„Wie haben Sie es geschafft, sich selbst jeden Tag so zu motivieren, dass Sie neben ihrem Sohn sitzen, um an den Hausaufgaben zu arbeiten ...?"

---

[20] Im NLP wird auf dieser Ebene (Fähigkeitsebene) gefragt: *„Welche Fähigkeiten brauchst Du, um das beobachtbare Verhalten zu zeigen?"* Also z.B. Durchhaltevermögen, Ausdauer etc.

Gemachte Anstrengungen zu loben und zu würdigen ist eine gute Möglichkeit, eine gute Arbeitsbasis mit Ihren Kunden aufzubauen.

Natürlich können Sie diese Beziehung zu Ihrem Klienten genau in einer solchen Situation nachhaltig ruinieren – indem Sie genau das kritisieren, was bislang von Ihren Klienten getan wurde. Außer, dass Sie nochmals an die Machtlosigkeit oder empfundene Unfähigkeit erinnern, betonen Sie diese sogar und teilen mit, dass Sie es besser wissen. *„Das hätte Ihnen doch klar sein müssen, dass das nicht funktioniert."* Sätze, die jeder gerne hört – versuchen Sie es mal bei Ihren pubertierenden Kindern.

Ihre Klienten kommen (meist) aus einer Notlage heraus und haben diese Not wahrscheinlich über einen längeren Zeitraum ertragen. Sie kommen nun zu Ihnen, einer Fachkraft, in der Hoffnung auf Hilfe und Rat. Beträfe das Problem nun eine triviale Maschine, wie zum Beispiel einen tropfenden Wasserhahn oder ein Problem mit dem Computer – können Sie einen Rat geben und *gut ist.*
Menschen sind nun aber keine trivialen Maschinen (s. S. 80) – und auch ihre menschlichen oder zwischenmenschlichen Probleme sind nicht trivial. Wenn Sie nun bei einem menschlichen oder zwischenmenschlichen Problem vorschnell einen Rat geben oder mit einer schnellen Lösung daherkommen, können Sie sicher sein, dass weder das eine angenommen, noch das andere umgesetzt wird.

Ratschläge sind bekanntlich auch Schläge. Es ist dann eher wahrscheinlich, dass sich das Problem verstärkt oder es zu einem (inneren) Beziehungsabbruch kommt.

Wie kann ich das einfach behaupten, ohne überhaupt geschildert zu haben, was für ein Problem der Kunde überhaupt hat? Eine kleine Geschichte mag dies verdeutlichen:

Anekdote

Vor langer Zeit geschah es, dass ein besonders begabter und gut unterrichteter Student der orientalischen Heilkunst seinen Meister fragte, ob er für ihn ein paar Fälle übernehmen könne. Der Meister sprach: „Zwar weißt Du schon viel über die Zusammensetzung und die Wirkung der Heilmedizin, aber Du musst noch lernen, wie man sie verabreicht." „Lasst es mich einfach versuchen.", sprach da der Student zum Meister. Der Meister zögerte, doch ließ er ihn dann gewähren. Als Patient erschien ein Mann, für dessen Krankheit der Granatapfel heilende Wirkung zu haben schien, und der Student sprach zu dem Kranken: „Essen Sie zweimal am Tag einen Granatapfel". Als der Patient eine Woche später wieder kam, ging es ihm kaum besser. Nach der Behandlung befragt, schilderte er, er sei erst nicht dazu gekommen, sich Granatäpfel zu besorgen. Dann habe er es probiert, aber sie seien zu teuer gewesen. Dann habe er billigere gefunden, aber er habe vergessen, sie regelmäßig zu sich zu nehmen. Der Student wandte sich frustriert an den Meister und beschwerte sich über seinen Patienten. Da sprach der Meister: „Wie ich Dir schon sagte, Du weißt, was man einem Kranken verabreicht, aber Du weißt noch nicht, wie man es ihm verabreichen sollte. Gleich kommt ein Patient mit der gleichen Krankheit. Schau einfach, wie ich es mache." Der Patient betrat den Raum und der Meister untersuchte ihn gründlich, wobei er von Zeit zu Zeit zufrieden raunzte und Worte wie „Aha!" und „Wusste ich es doch" von sich gibt. Schließlich sagte er zu dem Patienten: „Die Diagnose ihrer Krankheit ist einfach. Aber ich überlege noch, was Ihnen am besten helfen wird. Es muss auf jeden Fall eine besondere Frucht mit ganz besonderen Eigenschaften sein. Rot muss sie sein, aber nicht zu rot. Es sollte ein mildes Rot sein. Außen muss sie hart sein und innen saftig. Sie sollte auf jeden Fall Kerne haben. Ja ganz viele Kerne. Und süß muss sie schmecken, aber auch ein wenig sauer. Ich überlege, was es sein könnte. Und am besten wäre es, wenn sie innen auf kleinen Frucht- und Wasserkämmerchen bestehen würde, in denen sich der Fruchtsaft befindet. Jetzt habe ich es, und ich frage mich, warum bin ich nicht gleich darauf gekommen. Wenn man es recht bedenkt, ist es doch einfach. Das, was ihnen hilft, ist der Granatapfel. Granatäpfel sollten sie essen und zwar jeden Tag, einen morgens und einen abends. Das wird helfen!"

Eine Situation, wie schrecklich oder auch selbstverschuldet sie auch immer ist, ist Teil der Lebensgeschichte ihres Kunden und sollte gerade deswegen gewürdigt werden. *Das Leben ist eines der härtesten,* wie ein Bonmot so schön lautet. Das eigene Leid ist immer das größte. Würdigen Sie dieses Leid. Sie machen die Situation nicht schlimmer, sie müssen Sie auch nicht sofort lösen. Würdigen und Anerkennen entlastet. *„Wie haben Sie das alles ausgehalten?"*, *„Wie haben Sie das geschafft!"*, *„Das hört sich wirklich anstrengend an."*, *„Was Sie schon alles gemacht haben?!"*.

Oftmals kann man daran zweifeln, dass die eigenen Klienten tatsächlich nutzbare Fähigkeiten haben oder lehnt (zu Recht) das gezeigte Verhalten der Kunden ab, weil es diesen oder anderen schadet.

Wie sehr muss man dann erst davon ausgehen, dass die **Werte** und **Glaubenssätze** der Klienten gänzlich andere sind als die eigenen (der helfenden Person)? Wie soll der Helfer auf dieser Ebene in der Lage sein anzukoppeln?

Im NLP gibt es eine Vielzahl von sogenannten *Grundannahmen.* Zwei dieser Grundannahmen lauten:

-Menschen treffen immer die beste Entscheidung, die sie zu diesem Zeitpunkt treffen können.

-Jedem Verhalten liegt eine positive Absicht [hier: Wert. Anm. des Autors] zugrunde.

Sie müssen diese NLP-Grundannahmen nicht glauben. Sie helfen Ihnen allerdings in der Arbeit mit Ihren Klienten. Weder müssen Sie Ihren Klienten beweisen, dass deren (gezeigte) **Werte** falsch sind, noch dass die Ihrigen besser sind. Die Kunst des Ankoppelns (und das ist in diesem Augenblick Ihr ausschließliches Ziel) besteht darin, in dem, was Sie über den Klienten schon wissen, in dem, was er zeigt und sagt, einen *gemeinsamen* **Wert** zu finden, den Sie auch haben, unterstützendwert finden und auch leben.

Praxisbeispiel

Eine Lehrkraft beschwert sich bei der Schulsozialarbeiterin über ihre Schüler, die allgemeinen Rahmenbedingungen, die Zeit, die sie für administrative Dinge abzweigen muss und die wenige Zeit, die sie für den Kontakt zu Schülern zu Verfügung hat. Die Schulsozialarbeiterin weiß um das Engagement der Lehrkraft:
„Und doch versuchen wir (!) das Beste aus diesen Bedingungen für die Schüler und die Schule zu machen.“
Denn egal, welcher Wert der Lehrkraft wichtiger ist, die Schule oder die Schüler - mindestens einer ist ihr so wichtig, dass sie den Job noch nicht an den Nagel gehängt hat. Und genau da kam man sie abholen (sprich ankoppeln).

Praxisbeispiel

Eine 18-jährige Mutter, die u. a. wegen einer Schuldenproblematik bei Ihnen ist, geht für die Geburtstagsfeier ihres Kindes mit ihren Schwiegereltern in einen verdeckten Wettbewerb, wer das größere, teurere sprich „bessere“ Geschenk offeriert. Ihr zu verdeutlichen, dass sie schon genug Schulden hat, dass es nicht auf die Größe des Geschenks ankommt, dass ihr Zweijähriger auch mit einem bemalten Pappkarton oder einer knisternden Tüte zufrieden wäre, dringt nicht zu ihr durch. Sie ist nicht bereit, diese Informationen anzunehmen.

*An welchen **Wert** der jungen Mutter können Sie ankoppeln, den Sie (wahrscheinlich) auch als wichtig ansehen?*
Die junge Frau will verzweifelt eine gute Mutter, ein guter Elternteil sein (oder das, was sie dafür hält). Und sie versucht das zu tun, was sie denkt, was eine gute Mutter tut (auch wenn es ggf. ein Bild aus der Werbung ist).
„Der Kleine ist Ihnen sehr wichtig?!"; „Für die eigenen Kinder nimmt man viel auf sich …"; „Es tut weh, wenn man nicht alles für sein Kind tun kann."
Diese Nachricht kommt an. Ihr Engagement wird gewürdigt. Um diese Anerkennung muss sie nicht mehr kämpfen.

Sollten Sie versucht sein, die Werte Ihrer Klientin zu „bewerten", schlimmstenfalls sie zu verurteilen und wagen Ihre Klientin erziehen zu wollen, lassen Sie es - Sie werden scheitern.
Würdigen Sie stattdessen die Intention, die hinter dem Verhalten steht (den **Wert** dahinter). Sie können erst mit Ihrer Klientin arbeiten, wenn diese sich verstanden und gewürdigt fühlt. Ist dies nicht der Fall, wird sie ihre Position (und damit ihr Kind) mit Klauen und Zähnen (und Schulden machen) verteidigen.
Unterlassen sollten Sie auch 'vergiftete' Komplimente oder Würdigungen:
„Sie versuchen eine gute Mutter zu sein."
Es dürfte jedem klar sein, was damit eigentlich gemeint ist.

Die Übergänge von ***Glaubenssätzen*** (Mütter machen große Geschenke/müssen die besten Geschenke machen), ***Werten*** (Mutterliebe) und ***Identität*** (Ich bin eine gute Mutter) sind fließend. Das Vorgehen beim Ankoppeln ist in allen Fällen identisch.

Loben wertschätzen und annehmen

Der Mensch ist ein soziales Wesen. Tief in unseren Genen steckt, dass wir ohne andere nicht überleben können. Die Währung dafür ist die Anerkennung durch andere. Für das, was ich tue und das, was ich bin (oder einmal war). *Zugehörigkeit* und *Soziale Anerkennung* sind Grundbedürfnisse, welche befriedigt werden wollen.

Das Kleingeld dieser Währung ist *Respekt* vor und *wertschätzender Umgang* mit dem anderen.

Was hier wie eine Selbstverständlichkeit klingt, ist wahrlich keine. *Loben* ist der Goldstandard dieser Währung. Vielen fällt es schwer zu loben, *„Nichts gesagt ist Lob genug".* Und doch sollten Sie den Klienten Anerkennung zollen, wenn er etwas für sich (oder gegen sein Problem) oder für die Interaktion mit Ihnen getan hat. Sei es auch nur im Extremfall erschienen zu sein, angerufen zu haben, um den Termin abzusagen oder sich im Nachhinein für einen verpassten Termin zu entschuldigen.

Wenn Sie es als Helfer schaffen, diese innere Haltung einzunehmen, selbst bei solchen Kleinigkeiten Anerkennung zu zollen, so werden Ihnen dies Ihre Kunden danken – sie sind es anders gewohnt und erwarten anderes. Und Sie selbst verlieren dabei nichts.

Respekt und wertschätzender Umgang sind wie gesagt nicht selbstverständlich. Viele glauben wertschätzend zu sein. Wertschätzender Umgang - und genau das unterscheidet Helfende Berufe von anderen - beinhaltet auch, im Umgang mit unseren Kunden *alles*, was gesagt und wie gehandelt wird, erst einmal anzunehmen und nicht zu bewerten.

„Ich soll alles annehmen und nicht bewerten, was dieser Mensch tut?" Ja, genau das. Denn das unterscheidet eine gute und professionelle Gesprächsführung von einfachem Helfen-Wollen.

Erstens: Sie dürfen sich sehr schnell eine Meinung bilden – Sie sollten diese nur nicht als „Wahrheit" betrachten und als solche äußern. Warum?

Nur selten erfordert eine Äußerung, die im Kontext eines Hilfegespräches fällt (genauso wie jegliche Handlung oder Nicht-Handlung Ihres Klienten) eine sofortige Richtigstellung oder Handlung Ihrerseits - auch wenn sie im gerechten Zorn moralisch entrüstet sein sollten. Lassen Sie stattdessen die Zeit und die sich aufbauende Beziehung für sich arbeiten. Andere haben schon versucht, Ihre Klienten zu erziehen. Mit welchem Erfolg? Sie sollten und müssen daher anders als die anderen davor auf Ihre Klienten zugehen.

Zweitens: Wer sagt denn, dass meine moralischen Werte richtig oder die besseren sind?

Drittens: Wie oft stellt sich heraus, wenn man tatsächlich und vorbehaltlos alle Seiten hört, dass ein Geschehnis/eine Situation ganz anders ist und war, als man im ersten Moment vermutete? Und genau so überraschend kann sein, wie und wohin sie sich ohne zwanghaftes und direktes Zutun entwickelt. Vom Helfer verlangt dies allerdings viel aushalten zu können, Geduld und Vertrauen (in was auch immer).

Alles, was Sie an Ihrem Klienten bewerten oder kritisieren, läuft Gefahr Ablehnung (Reaktanz) auszulösen. Er hat sich Ihnen gegenüber geöffnet und sie *missbrauchen* nun (in seinen Augen) dieses Vertrauen durch Kritik und Wertung. Für den Klienten entsteht eine Kluft zwischen der subjektiv empfundenen Größe der eigenen Anstrengung und dem erfahrenen Respekt bzw. der erhaltenen Anerkennung.

Eleganter ist es, die Aussagen des Klienten anzunehmen, die Zeit (und die Beziehung) für sich arbeiten zu lassen und ggf. die Aussagen einfach zu *erweitern*.

Praxisbeispiel für *Erweitern: Fortführen des Beispiels*

Die junge Mutter (s. o.) hatte die Rechnung gemacht: Große Geschenke = gute Mutter. Sie können nun bei dieser Gleichung auf der Seite der Geschenke arbeiten: Kleine Geschenke sind auch gut, auf den ideellen Wert des Geschenks kommt es an, Geschenke stehen nicht in Konkurrenz zueinander etc. Doch dies würde die Gleichung in ein Ungleichgewicht bringen. Die logische Folge ist (wenn man es weiter mathematisch betrachten will), dass sie keine gute Mutter ist.

Man kann die Gleichung aber auch erweitern. „Gute Mütter machen immer große Geschenke?" „Ja!" „Gute Mütter sagen immer 'Ja' zu großen Geschenken?" „Ja!" „Gute Mütter sagen immer 'Ja'?" „Ja!". „Könnte es Situationen geben, in denen Mütter auch einmal 'Nein' sagen müssen, um gute Mütter zu sein?" „Bestimmt" „Könnte es Geschenke geben, zu denen Mütter 'Nein' sagen müssen, um gute Mütter zu sein?" „Kann ich mir vorstellen!" „Bei welcher Art von Geschenk, müsste eine gute Mutter 'Nein' sagen?" „Wenn es für das Kind schlecht ist." „Um eine gute Mutter zu sein, müsste es also ein gutes Geschenk sein?" „Richtig!" „Woran erkennt man ein gutes Geschenk?"

Obgleich dies hier stark verkürzt dargestellt ist, erkennt man, dass sich die Gleichung verändert. Gute Mutter = gutes Geschenk. Und damit lässt sich wiederum arbeiten.

Nichtsdestotrotz ist diese Art der „Erweiterung" keine Technik des Ankoppelns mehr, sondern baut auf dieser auf. Sie funktioniert nur, wenn eine ausreichende 'Ankopplungs-Basis' vorhanden ist.

Pacing, Synchronisieren, Spiegeln

Eine andere wunderschöne Möglichkeit des Ankoppelns ist eine Methode, die unterschiedlich benannt, jedoch jeweils demselben Prinzip unterworfen ist.[21]

Um es ganz vereinfacht zu sagen, gleicht sich bei dieser Technik der Helfer (wie ein Spiegelbild) seinem Gegenüber in Haltung und Sprache an.

Gehen Sie in eine gut gefüllte Gaststätte oder einen Ort, an dem kleine Gruppen in guter Stimmung miteinander sprechen und beobachten Sie die Menschen dort und vor allem ihre Interaktionen genau. Am besten funktioniert dies, wenn Sie auf Paare (im Sinne von zwei Menschen sitzen beieinander) achten. Wenn Sie ein Paar gefunden haben, dass sich anscheinend sehr gut versteht (oder ggf. sogar miteinander flirtet), erkennbar am gemeinsamen Lächeln oder Lachen oder gegenseitigem Berühren, dann können Sie noch andere Dinge beobachten. Die Körpersprache und -haltung dieser beiden (inklusive der Mimik) gleichen sich an.

Beugt sich die eine Person vor, 'folgt' die andere und beugt sich ebenfalls vor. Streicht sich die eine Person durchs Haar, berührt auch die andere sich in der Kopfgegend.

Es ist kein simples Nachäffen, sondern gleicht eher einem feinabgestimmten Tanz. Den Menschen ist meist nicht bewusst, dass sie dies tun. Sie fühlen sich lediglich gut, haben das Gefühl, einen Draht zum anderen zu haben und dass sie *auf einer Wellenlänge* liegen. Und das sind sie im wahrsten Sinne des Wortes.[22] Was die

---

[21] In der Hypnotherapie und im NLP *Pacing*, in der Literatur zur Psychologie (dort unter dem Punkt Körpersprache) *Synchronisieren*, *Spiegeln* (*Mirroring*) oder *Chamäleon-Effekt* genannt

[22] Es geht sogar so weit, dass sich nachweislich die Gehirnwellen der Gesprächspartner synchronisieren: (Pérez, Carreiras, & Duñabeitia, 2017)

Beteiligten nur intuitiv erahnen, kann der außenstehende Beobachter genau nachvollziehen.[23] Diese Art der Kommunikation - denn nichts anderes ist es - scheint einfach zu unserer menschlichen Programmierung zu gehören. Stichwort: der Mensch als Soziales Wesen,[24] als Zoon politikon.

Ein Mensch, der aktiv kommuniziert, kann diesen Effekt bewusst einsetzen, um sich aktiv *anzugleichen*. Die Hoffnung dahinter, dass das Gegenüber dann seinerseits mit *Darauf-Eingehen, Draht-Kriegen,* dem Gefühl der *gleichen Wellenlänge* reagiert. Und wenn es dem aktiv Kommunizierenden tatsächlich gelingt, spricht man von Rapport *(„Er hat Rapport zu seinem Klienten")*.

Was können Sie nun alles spiegeln und pacen? Auf was können Sie sich synchronisieren? [25]

Primär, wie gerade dargestellt die *Körpersprache (inklusive der Mimik)*. Es geht dabei nicht um plumpes Nachmachen oder -äffen, sondern es muss dabei etwas subtiler vorgegangen werden. Schlägt das Gegenüber seine Beine übereinander, kann man dem (aktiv) folgen und etwas zeitverzögert auch ein Bein über das andere schlagen. Berührt das Gegenüber sein Gesicht, kann man seinen (eigenen) Kopf berühren. Gestikuliert das Gegenüber mit der rechten Hand in der Luft, um etwas zu verdeutlichen, so kann man dies bei der eigenen Argumentation auch so machen. Beugt sich das

---

[23] Genau aus diesem Grund wissen Freunde viel schneller als die 'Betroffenen' selbst, ob sich da 'etwas' zwischen zwei Menschen anbahnt, als diese es selbst wahrhaben (wollen).

[24] https://www.spektrum.de/news/was-steckt-wirklich-hinter-den-spiegelneuronen/1991029

(Goldstein, Martin, & Cialdini, 2018) hier: Spiegeln der Körperhaltung, Spiegeln des Gesagten S. 126f.

Mai, J., & Rettig, D. (2011). *Ich denke, also spinn ich.* München: Deutscher Taschenbuch Verlag. Hier: *Chamäleon-Effekt, Matching, Pacing, Rapport* 300ff

[25] Spitzer, M. (2007). Vom Sinn des Lebens; Wege statt Werke. Stuttgart: Schattauer GmbH *S. 37f*

Gegenüber vor, lehnt sich zurück, streckt es die Beine aus, schaut in einem bestimmten Rhythmus aus dem Fenster? All dem kann man folgen.

Paare, die zusammengekuschelt auf dem Sofa sitzen, atmen häufig sogar im gleichen Atemrhythmus.

Das Ganze kann man in anderen Zusammenhängen auch auf die (therapeutische) Spitze treiben: Hypnotherapeuten beispielsweise sprechen bei der Einleitung der Hypnose beispielsweise nur, wenn das Gegenüber AUS-atmet und schweigen beim Einatmen. Bei jedem Ausatmen führen Sie ihre Sätze weiter und unterbrechen beim Einatmen. Sie gleichen sich dem Atemrhythmus ihres Gegenübers an. Was sich hier sehr gekünstelt liest, wird von den Probanden als sehr angenehm und beruhigend empfunden. Den wenigsten Probanden ist dabei (bewusst) klar, was da passiert und dass es mit ihrem Atemrhythmus zu tun hat.[26]

Kleinkindern kann man beim Einschlafen helfen, wenn man ihnen eine Hand auf Bauch oder Rücken legt und mit dieser dann den Atem des Kindes paced durch sehr leichtes, kaum wahrnehmbares Mitschwingen. Der Druck der Hand begleitet das Atmen. Man wird praktisch zu einem Feedbackgerät des Atems, was das Kind in kurzer Zeit durch das Spüren der Anwesenheit und des Pacens beruhigt.

Wobei wir damit gleich zum nächsten möglichen Ansatzpunkt (nach der Körpersprache) für das Spiegeln kommen: Die Art des Sprechens. Der Mittler zwischen der reinen Körpersprache, die gespiegelt wird, und dem (*digitalen*) Inhalt der Sprache ist, **wie** der Mensch und sein Köper (*analog*) sprechen. Also vor allem der genutzte

---

[26] Grinder, J., & Bandler, R. (1984). Therapie in Trance: Hypnose, Kommunikation mit dem Unbewußten. (C. Andreas, Hrsg.) Stuttgart: Klett-Cotta
Stahl, T. (1993). Neurolinguistisches Programmieren (NLP): Was es kann, wie es wirkt und wem es hilft (3. Ausg.). Mannheim: PAL

Sprachrhythmus, die -geschwindigkeit, die *Tonhöhe*, die *Intonation* und die *Lautstärke* (also insgesamt das, was man als *Satzmelodie* bezeichnen könnte). Der Helfer kann versuchen, bezogen auf all diese analogen Faktoren, ähnlich zu sprechen wie sein Gegenüber. Sehr schnell, abgehackt oder langsam, laut oder leise, mit langen Pausen oder mit kurzen, monotone oder abwechslungsreiche Stimmmodulation etc.

Auch wenn es wenig glaubhaft klingt, dass zwei, die sehr schnell und abgehackt miteinander sprechen sich gut verstehen sollen, so können Sie sich fragen, wie es der schnell Sprechende auffassen könnte, würde der Helfer demgegenüber von Beginn an betont langsam sprechen.[27] Es würde ihn wahrscheinlich *aus dem Takt bringen* oder es fände einfach kein Ankoppeln statt.

Der Übergang von Satzmelodie zu *digitalen* Inhalten der Sprache ist natürlich vor allem der Dialekt. Gerade hier geht es sowohl um die Melodie als auch den Inhalt.

Bezüglich des Inhalts gibt es neben der Nutzung des Dialektes auch anderen Dinge der *digitalen* Sprache zu beachten: Nutzt das Gegenüber einfache Sprache, Fachsprache, ist sie fremdwortlastig oder metaphernreich? Auch hier kann sich der Helfer (wenn er es will und in der Lage dazu ist) angleichen und dieselbe oder angeglichene Sprache (be-)nutzen.

Bietet Ihnen also Ihr Gegenüber beispielsweise eine Metapher oder Analogie an, so sollten Sie dieses Angebot annehmen, nutzen und ggf. weiterführen.

---

[27] *Asbell, B., & Wynn, K. (1996). Du bist durchschaut! Bergisch-Gladbach: Bastei-Lübbe-Taschenbuch. hier: Haltung nachahmen, Sprachrhythmus u. Lautstärke 34f*

„Da muss man bei mir nur auf den richtigen Knopf drücken und schon sehe ich Rot!"

„Gibt es da nur einen Knopf? An oder aus? Rot oder nicht rot? Oder gibt es da auch Vorstufen? Stufe Gelb oder ähnliches? Oder gibt es da noch andere Knöpfe, die man vorher oder besser drücken könnte?"

„Wie muss ich mir das vorstellen, ich sage EIN bestimmtes Wort, drücke also EINMAL EINEN bestimmten Knopf und Sie rasten aus? Absolut unkontrollierbar - wie ein Roboter?"

Hat der Helfer allerdings Erfolg mit seinem Pacing und hat *Rapport* (erkennbar daran, dass, wenn er etwas vorgibt, der andere nun folgt), kann er versuchen, einzelne analoge Elemente zu verändern.

So kann er sich selbst entspannen (beispielsweise sich entspannt zurückzulehnen, den Muskeltonus senken, die Arme entkreuzen), langsamer und tiefer atmen, die Sprechgeschwindigkeit senken.

Oder bei einem melancholisch angehauchten Menschen dementsprechend umgekehrt (aktivierender) zu handeln. Besteht Rapport, so gelingt dies in aller Regel.

Wie bekomme ich jemand auf die Palme?

So, wie sie **an**koppeln können, so können Sie auch aktiv **ab**koppeln. Aus dem bisher Dargestellten lässt sich zwar schon einiges diesbezüglich erschließen, doch soll es hier noch einmal explizit und spaßeshalber aufgeführt werden.

AKTIVES ABKOPPELN FÜR ANGEFANGENEN UND BESSERGESTELLTEN

„Ja aber…"
So wie es Ihre Klienten bei Ihnen tun, können auch Sie jederzeit diese mit einem „Ja aber …" unterbrechen. Wichtig dabei ist: es ist kein entschuldigendes „Ja, aber…" im Sinne von „Ja, aber, dann könnte doch das und das passieren …", sondern ein langes „Jaa … ABER … [ich weiß es nun mal besser als du]. Machen Sie das drei- bis viermal kurz hintereinander und … Sie werden (schon) sehen.

Nicht ausreden lassen
Unterbrechen Sie die Gedankengänge Ihres Gegenübers mitten im Satz. Zeigen Sie ihm, dass seine Gedankengänge nicht der Mühe wert sind zu Ende erzählt oder gehört zu werden. Denn dies zeigt …

Desinteresse…
… am Gegenüber, an dem was er sagt, dem, was ihn ausmacht ist eine sehr gute Möglichkeit jegliche Beziehung schon im Keim ersticken zu lassen. Und wie zeigen Sie nun Desinteresse?

Bagatellisieren…
…Sie alles, was ihr Gegenüber erzählt. Seine Erfolge, seine Probleme, seine Erlebnisse. Nichts davon hat einen Wert.

Reden Sie stattdessen von sich

Belehren Sie
Das kommt immer gut an. Setzten Sie jeder Erzählung Ihres Gegenübers noch eins drauf. Hat er etwas Gutes erlebt, haben Sie etwas Besseres erlebt, äußert er etwas Fachliches, wissen Sie es besser oder Sie zeigen sich kritisch. Erzählt er von einem schlimmen Erlebnis, haben Sie schon Schlimmeres durchgemacht.[28]

---

[28] Der Fachausdruck im NLP für einen derartigen Menschen heißt *Gegenbeispielfinder*. (Dieser spricht glaube ich wohl für sich)

Warum?

Ist ein eigenes Kapitel[29]

Generalisieren Sie

Sprechen Sie für die schweigende Mehrheit: *„Das macht man halt so.", „Das war schon immer so.", „Das weiß doch jeder.", „Was, Sie kennen das nicht?"*

Und das i-Tüpfelchen: immer schön mit …

Ironie

Die Lösung

Wollen Sie nicht abkoppeln, vermeiden Sie die eben genannten Punkte und nutzen Sie den Rest dieses Buches.

Ein paar Worte zu Kommunikationstheorien

Um nochmals auf Theorien der Kommunikation zurückzukommen: Vielen Menschen ist beispielsweise das *Vier-Ohren-Modell* von Friedemann Schulz von Thun bekannt. Er beschreibt in seinem 'Klassiker' u. a., dass jegliche Äußerung in der mündlichen Kommunikation mehr enthält, als man auf den ersten Blick vermutet.[30]

Einschub

Das Vier-Ohren-Modell

Nach Schulz v. Thun kann jede geäußerte Botschaft (gleichzeitig) auf vier Arten 'gehört' werden. Auf der **Sachebene**, *einer* **Appelebene**, *auf der* **Beziehungsebene** *und auf einer* **Selbstoffenbarungsebene**.

---

29 … wer nicht fragt bleibt dumm S. 75
30 Schulz von Thun, F. (2004). *Miteinander Reden 1: Störungen und Klärungen* (39. Ausg., Bd. 1). Reinbeck: Rowohlt Taschenbuch Verlag

Praxisbeispiel

*Um die Vier Ohren zu verdeutlichen, nehmen wir den Beispielklassiker: **Die grüne Ampel.***

Er (als Beifahrer) sagt zu ihr: „Die Ampel ist grün!"

*Auf der **Sachebene** äußert er die Beobachtung, dass die Ampel von Rot auf Grün umgesprungen ist.*

*Auf der **Appellebene** könnte er sie somit auffordern loszufahren oder 'endlich' loszufahren.*

*Auf der **Beziehungsebene** könnte er, je nachdem, WIE er es äußert, sagen: „Ich biete dir meine Hilfe an", „Du brauchst meine Hilfe", „Nicht mal Auto fahren kannst du, du blinde Nuss" etc.*

*Und auf der **Selbstoffenbarungsebene** könnte er wiederum, wie er es äußert, sagen: „Ich habe es eilig", „**Ich** sollte wohl besser fahren", „Soll ich nicht lieber fahren, Schatz?", „Ich halte dich für eine schlechte Autofahrerin", „Du hältst alle auf – das ist peinlich", „Die hinter dir wollen nach Hause" etc.*

Alle diese Aspekte mögen zutreffen und im Nachhinein kann jeglicher Dialog aufgrund dieser Kriterien auch analysiert werden. Doch wer ist in der Lage, in einem Gespräch mit seinen Vier Ohren zu hören? Also ein professionelles Gespräch zu führen und gleichzeitig derart zu analysieren?

Behauptung

Wir verstehen nie, was ein anderer wirklich sagt. Probleme entstehen unter anderem dadurch, dass ich sicher bin zu verstehen, was ein anderer sagen will.

Stellen Sie sich vor, Sie bitten eine Gruppe, sich folgenden Satz zu vergegenwärtigen: *„Der Baum steht auf der Wiese!".*

Fragen Sie, wer diesen Satz verstanden hat. In der Regel werden alle antworten, dass sie den Satz verstanden haben. Fragen Sie nun jeden einzelnen, was für einen Baum er gesehen hat.[31] Welche Art von Baum, welche Größe, das vermutete Alter. Welche Jahreszeit herrscht in dem Bild vor? Welche Tageszeit, wie ist der Sonnenstand, die Farbe des Himmels, Wolken, was ist noch auf dem Bild zu sehen? Tiere, Zäune, Häuser etc.? Welche Arten von Grün hat das vielleict vorhandene Gras?

Sie werden nicht einmal ansatzweise zwei Bilder finden, die sich gleichen.

Der Mensch selbst (das Individuum) hat zwar eine vollständige Vorstellung dessen, was er sieht und sagen will (die sogenannte Tiefenstruktur), doch Sprache kann nur einen Bruchteil dieser Tiefenstruktur abbilden (die sogenannte Oberflächenstruktur).[32] Um es nochmals zu verdeutlichen: selbst wenn man jeden einzelnen Grashalm, jedes einzelne Blatt, jeden einzelnen Ast und jedes einzelne Teil der Rinde in all seinen Farbnuancen beschriebe, käme man mit Worten nicht an die innere Repräsentation dieses Bildes heran.

Doch nicht genug damit. Aufgrund der angebotenen Oberflächenstruktur (was der Sender sagt) bildet nun der Empfänger sein eigenes Bild (aufgrund seiner Erfahrungen und seines Wissens). Inwieweit werden diese beiden Bilder (das ursprüngliche und das gebildete) noch übereinstimmen?

Dabei sind *Baum* und *Wiese* noch konkrete und vorstellbare Begriffe. Die Originale lassen sich anfassen, riechen, ansehen, wenn man will schmecken und ggf. hören. Was passiert nun bei unbestimmten

---

[31] Es gibt Menschen, die sagen, dass sie den Satz verstanden haben, allerdings keine bildhafte Vorstellung besitzen. Diese Menschen können mit dieser Art der Frage also nichts anfangen, sind aber recht selten.

[32] Bandler, R., & Grinder, J. (2011). *Die Struktur der Magie I: Metasprache und Psychotherapie* (12. Ausg., Bd. 1). Paderborn: Junfermann

Ausdrücken wie *Würde, zumutbare Arbeit, Kindeswohl, Familie, Wertschätzung, angemessener Wohnraum, Selbstbestimmung, Einsichtsfähigkeit?*

Für den Helfer mag es anfangs genügen, sich klarzumachen, dass er nie weiß, was der andere wirklich meint, da er die Tiefenstruktur des anderen nicht „sieht". Er sieht (hört) nur die angebotene Oberflächenstruktur.

Um es wieder ein wenig wissenschaftlicher zu machen: Die Kommunikation, die mir angeboten wird (ob verbal oder nonverbal), hat einen *Inhalts-* und einen *Beziehungsaspekt* (2. Axiom Watzlawicks).[33] Während ich den *Inhaltsaspekt* bei mündlicher Kommunikation noch schriftlich fixieren kann (*„Die Ampel ist grün!"*), sagt der *Beziehungsaspekt* etwas über die Beziehung zwischen den Kommunizierenden aus (sagte er **WIE**?: *höhnisch, beleidigt, vorwurfsvoll, weinerlich, verliebt, voller Angst* etc.).

In den Erläuterungen zu diesem Axiom heißt es, dass der *Beziehungsaspekt* (*wie* es gesagt wird) den *Inhaltsaspekt* (*was* gesagt wird) bestimmt. Oder mit anderen Worten: Der *Beziehungsaspekt* wird von uns stärker gewertet als der *Inhaltsaspekt*. Wir reagieren viel stärker auf das 'Wie' als auf das 'Was'. Ob wir dadurch dann allerdings richtig werten, steht auf einem ganz anderen Blatt. In welcher Stimmung wird etwas geäußert und in welcher Stimmung wird etwas empfangen? (siehe Tiefenstruktur).

Nun gibt es ein weiteres Element. Menschen können nicht *nicht* kommunizieren (1. Axiom Watzlawicks). Dies bedeutet, **dass *jedes* Verhalten** (und Nicht-Verhalten) **eines Menschen Kommunikation ist**, denn das Gegenüber versucht immer (!) in dem, was es beim

---

[33] Axiom: als absolut richtig erkannter Grundsatz; gültige Wahrheit, die keines Beweises bedarf
Watzlawick, P., Beavin, J., & Jackson, D. (2000). *Menschliche Kommunikation, Formen Störungen Paradoxien* (10. Ausg.). Bern: Verlag Hans Huber

anderen hört und sieht (oder nicht hört und nicht sieht) einen Sinn zu finden. Schaut der andere an mir vorbei (beispielsweise verträumt aus dem Fenster): ignoriert er mich?, mag mich nicht? Antwortet der andere nicht (weil er in Gedanken ist): hat etwas gegen mich?, habe ich etwas falsch gemacht?

Wir interpretieren immer(!), automatisch, schnell und zumeist unbewusst. Und leider meistens negativ. Vor allem, weil emotionales Denken (ich fühle mich beleidigt etc.) sehr viel schneller ist als unser reflektierender Verstand.

Unter den Grundannahmen des NLP gibt es drei, die in diesem Zusammenhang interessant sind – im Grunde sagen sie allerdings das Gleiche aus:

Kommunikation ist das, was ankommt – nicht das, was gewollt ist!

Kommunikation ist nicht Absicht, sondern Wirkung!

Die Bedeutung deiner Kommunikation liegt in der Reaktion, die du bekommst.

Eine etwaige 'Verantwortung' liegt also immer beim Sender, nicht beim Empfänger einer Botschaft.

Fassen wir zusammen: Jeder Mensch sendet zu jedem Zeitpunkt „Botschaften" und Signale aus. Mag das Verbale noch bewusst gesteuert sein (wenn ich nicht gerade sehr erregt bin), so ist die begleitende Körpersprache und paraverbale Kommunikation (wie ich etwas ausspreche) in Teilen bewusst, in großen Teilen allerdings uns nicht bewusst (unbewusst gesteuert).

Diese Kommunikation bewirkt etwas im Gegenüber. Immer! Vielleicht gewollt oder auch nicht. Denn dieser interpretiert umgehend aufgrund seines Vorwissens und seiner jeweiligen Stimmung das, was er für die eigentliche Botschaft hält und darauf reagiert er.

Warum erzähle ich Ihnen das?

1.) Sie können sich nie sicher sein, dass das, was sie sagen, so beim anderen ankommt, wie Sie es meinen.
2.) Sie können sich nie sicher sein, dass das, was Sie glaubten, gehört und verstanden zu haben, tatsächlich das ist, was der andere meinte.

Sprichwort

Wo zwei zusammen sind, sind sechs dabei:
er, sie,
die Vorstellung, die er von ihr hat,
die Vorstellung, die sie von ihm hat,
die Vorstellung, die er von sich hat,
und die Vorstellung, die sie von sich hat.

Russisches Sprichwort

Weisheit

„Niemand würde viel in Gesellschaft sprechen, wenn er sich bewusst wäre, wie oft er die anderen missversteht."

Goethe

Und wie kommt man nun aus dieser Bredouille? Relativ einfach. Erinnern Sie sich noch an den *Baum auf der Wiese*? Wie haben Sie feststellen können, dass es unterschiedliche Bäume sind? Indem Sie einfach fragten! *„Wie sah Ihr Baum aus?", „Welche Art von Baum haben Sie gesehen?".*

Fragen Sie einfach nach! Zeigen Sie sich interessiert. Zeigen Sie sich *naiv*. Lassen Sie präzisieren, erzählen, ausschmücken. Dies hat gleich mehrere Vorteile:

Auch Ihr Interesse ist eine Form der Wertschätzung. Jemand ist an meiner Geschichte, an meiner Sicht der Dinge interessiert.

Wenn Sie nachfragen (*„Helfen Sie mir ...", „Erklären Sie mir bitte ..."*), hat Ihr Gegenüber die Chance, Ihnen zu helfen (s. *Den eigenen Status senken S. 121*) und fühlt sich dadurch aufgewertet. Und die Wahrscheinlichkeit steigt, dass Sie verstehen, was der andere meint. Vielleicht.

Paraphrasieren

Eine besondere Form des Nachfragens und damit des Ankoppelns (sozusagen Ankoppeln 2.0) ist das *Paraphrasieren*.[34] Dabei wiederholt und fasst der Helfer mit eigenen Worten das zusammen, was er bisher gehört und verstanden zu haben glaubt.

Eigentlich aus der griechischen Rhetorik stammend, soll es **hier** nur dazu dienen, dem Gegenüber zu verdeutlichen, dass es und wie es verstanden wurde. Unstimmigkeiten können so schnell und einfach aus dem Weg geräumt werden. (*„Habe ich Sie jetzt richtig verstanden, dass ...?", „So weit ich Sie verstanden habe ..."*). Dies auf der Sachebene.

Auf der Beziehungsebene gelingt es so vielleicht, dass das Gegenüber sich verstanden **fühlt** – zumindest in seinen Aussagen. Diese Technik hat für den Helfer wiederum den Vorteil, dass er so ggf. das Gespräch entschleunigen kann, Zeit zum Nachdenken gewinnt, Informationen erhält und diese präzisieren kann und so insgesamt Vertrauen aufbaut.

Äußert sich der Paraphrasierende allerdings zu sehr auf der Sachebene und vermeidet klare Aussagen bezüglich der emotionalen Ebene, kann ein solches Vorgehen auch einen gegenteiligen Effekt haben.

---

[34] Paraphrasierung: griech. para = dazu, neben und fraseïn = reden, sagen

Praxisbeispiel

Eine Person ruft z. B. in Ihrer Institution an und beschwert sich bei Ihnen (ob zurecht oder zu Unrecht) über eine fehlende Rückmeldung trotz wiederholter Anrufe.

„Ich rufe nun zum siebten Mal an. Immer wird gesagt, "Wir kümmern uns darum", doch nichts geschieht. Ich bin so sauer auf euern Scheißverein!"

„Habe ich jetzt richtig verstanden, dass Sie wiederholt versucht haben X zu regeln, dies klappt nicht und Sie fühlen sich nicht wahrgenommen?"

„Scheiße nein – ich bin stinksauer, dass [...]"

„Sie sind sehr aufgebracht!"

„Jetzt hören Sie doch mit Ihrem Psychogelaber auf ...",

„Okay okay, wollen wir Tacheles reden: Sie rufen zum siebten Mal an, es wird gesagt 'wir kümmern uns darum' und nichts geschieht. Sie sind scheißsauer, wirklich sauer, dass in unserem Verein sich keiner zu kümmern scheint und Sie keiner bislang zurückrief. Richtig?"

„Genau das! – Endlich hört mal jemand zu."

Ankoppeln und Wahrheit

Stellen Sie sich vor, ein riesiges Raumschiff hat die Erde verlassen, um neue Welten zu besiedeln. Auf dem Raumschiff leben 2500 Menschen. Aufgrund der langen Flugdauer benötigt das Schiff mehrere Generationen, um sein Ziel zu erreichen. Von der ursprünglichen Besatzung ist natürlich keiner mehr da – die Anzahl der Passagiere ist aber gleich gehalten worden. Direktes Wissen ist nicht mehr vorhanden, sondern nur noch mittelbares. Mit der Landung am Zielplaneten fallen alle Außensensoren aus. Das Raumschiff landet zwar glücklich, hat aber keine Möglichkeit festzustellen, was außerhalb des Raumschiffes ist oder passiert. Fenster gibt es keine. Lediglich ein kleines Guckloch existiert. Einer der Passagiere, der durch das Guckloch sieht, erzählt den anderen, was er sieht und diese fangen an zu diskutieren, was das bedeute und was man machen solle. Einer sieht und beschreibt und die restlichen 2499 bilden sich eine Meinung.

Was ist die Pointe dieser Geschichte?

Wie viel würden Sie auf eine Entscheidung geben, die aufgrund einer solchen Gemengelage gefällt wurde?

Das Ganze ist eine Analogie zur Arbeitsweise unseres Gehirns, wie und wie viele Informationen unser Gehirn (von außen) erhält und wie es diese dann verarbeitet. Um es ganz vereinfacht zu sagen: Primär diskutiert das Gehirn mit sich selbst.[35]

Der Mensch ist weder sensorisch (die Sinneswahrnehmungen betreffend[36]) noch informationsverarbeitungstechnisch in der Lage,

---

[35] In: Spitzer, M. (2007). *LERNEN, Gehirnforschung und die Schule des Lebens.* Berlin Heidelberg: Spektrum Springer Verlag
ist es noch etwas eindrücklicher dargestellt: Jedes Neuron besitzt 10.000 Verbindungen zu anderen Neuronen. Nur eine (1) von 25.000.000 ($25x10^6$) Fasern ist mit dem „Außen" verbunden – das heißt, der Rest ist nur mit sich selbst bzw. untereinander verbunden und unterhält sich sozusagen mit sich selbst. Auf die 2500 Passagiere kommt man rein rechnerisch, wenn man die Anzahl der Fasern wieder durch die Anzahl der Verbindungen, die jedes Neuron eingeht, teilt, also 25.000.000 : 10.000 = 2500
[36] Sie kennen das, wir „sehen" beispielsweise nicht die äußere 'wirkliche Welt', sondern elektromagnetische Wellen erreichen den Augenhintergrund und werden dann in elektrische Impulse ans Gehirn gesendet, welches diese dann wieder interpretiert und uns glauben macht, wir sähen etwas.

die Außenwelt so wahrzunehmen, wie sie ist - nicht ansatzweise. Er konstruiert sich ein Bild oder eine Karte, um sich anhand dieser Konstruktion in der realen Welt zurechtzufinden (Stichwort *Konstruktivismus*).[37]

Arbeitshypothese Teil I

Jeder hat seine eigene Wahrheit

Der Kommunikationswissenschaftler Paul Watzlawick berichtet über einen interessanten Versuch[38], der auch heute noch nachhaltig beeindruckt/beeindrucken sollte:

Einzelnen Probanden werden Zahlenpaare genannt, die sich zwischen 1 und 99 bewegen (beispielsweise 17 und 83 oder 5 und 16). Die vom Versuchsleiter an die Probanden gestellte Aufgabe: Sie sollen herausbekommen, ob die Paare zusammengehören oder nicht. Anhand welcher Kriterien? Genau das sollen die Probanden herausbekommen, so die vermittelte Aufgabe.

Es wird Zahlenpaar auf Zahlenpaar genannt, die ersten Einschätzungen (*gehören zusammen/gehören nicht zusammen*) der Probanden sind ausnahmslos alle falsch. Nach und nach schleichen sich korrekte Antworten ein, deren Häufigkeit stetig steigt. Nach vielen Versuchen sind fast nur noch richtige Antworten dabei. Der Proband ist sich sicher, das Ziel (das Finden der Regeln) erreicht zu haben.

Der Witz dabei ist allerdings, dass die Antwort des Versuchsleiters, ob richtig oder falsch, nichts mit der gegebenen Antwort des Probanden (*gehören zusammen/gehören nicht zusammen*) zu tun

---

[37] Schlippe von, A., & Schweitzer, J. (1997). *Lehrbuch der systemischen Therapie und Beratung* (3. Ausg.). Göttingen: Vandenhoeck u. Ruprecht
[38] Ein sogenanntes *noncontingent reward experiment*

hat. Im Grunde liest der Versuchsleiter nur ab, was er beim ersten Rateversuch des Probanden antworten soll (nämlich *falsch* – egal was gesagt wurde), beim zweiten (*falsch*), beim dritten eine vorgegebene Antwort usw. Denn diese Antwortreihe orientiert sich am aufsteigenden Teil einer Gauß'schen Allgemeinverteilung – vereinfacht gesagt von (anfangs) '*alles falsch*' hin Richtung '*fifty-fifty*', zu '*fast alles korrekt*' und ggf. '*alles korrekt*'.

Da der Proband dies allerdings nicht weiß, bastelt er sich, durch das vermeintliche Feedback auf seine Äußerungen und die steigende Anzahl an dabei richtigen Antworten, eine Theorie zusammen (um nicht zu sagen 'fabuliert'), die entweder sehr kompliziert und oder sehr verrückt ist. Je nachdem, wie lange dieser Versuch dauert.

Die Kompliziertheit oder Verrücktheit kommt dadurch zustande, dass die schön zusammengebastelte Theorie bis kurz vor Schluss immer noch durch „falsche" Antworten (Gauß'sche Allgemeinverteilung) unterbrochen wird – der Proband sieht sich dann gezwungen, Ausnahmen zu seiner Theorie zu generieren.

So weit, so gut. Man könnte natürlich fragen, was ein solcher Versuch bewirken soll, doch das eigentlich Interessante folgt noch:
Werden die Probanden über diesen fehlenden Zusammenhang aufgeklärt, so bezweifeln sie diese Information und weigern sich hartnäckig, ihre Theorie aufzugeben. Sie sind sich durchweg sicher, einen Zusammenhang gefunden zu haben, den der Versuchsleiter übersehen hat.[39]

Arbeitshypothese Teil II

Es gibt keine „Wahrheit"[40]

---

[39] https://www.youtube.com/results?search_query=watzlawick+vortrag+konstruktivismus
Vortrag von Paul Watzlawick - Wenn die Loesung das Problem ist (1987)
Aufzeichnung einer Wiederholung bei 3sat (ab 11.25min ff)
[40] Zumindest bezogen auf den zwischenmenschlichen Bereich

Eine Mutter beschwerte sich bei der Schule, der Vater eines anderen Kindes habe ihren Sohn geschlagen. Ihr Sohn habe ihr dies berichtet.

Der Vater des anderen Kindes äußerte sich anders. Er habe beobachtet, als er seinen Sohn von der Schule abholen wollte, dass die beiden Jungs, sich auf dem Schulhof prügelten. Er habe die beiden getrennt und jeweils am Oberarm festgehalten. Der andere Junge habe allerdings nicht aufhören wollen und weiter nach seinem Sohn getreten (was noch im Rahmen seiner Reichweite und damit seiner Möglichkeiten lag). Um dies zu verhindern, habe er (der Vater) ihn fortgestoßen (um sich dann zwischen die beiden zu stellen und sie somit zu trennen). Die aufgewühlte Mutter äußerte, dass sie den Vater anzeigen wolle.

Die Schulsozialarbeiterin wollte die Sache klären und fragte, was man jetzt tun könne? Es sei ja klar, dass „fortstoßen" und „schlagen" zwei vollkommen unterschiedliche Dinge mit sehr unterschiedlichen Konsequenzen sind. Es sei aber auch klar, dass die Sache sich nicht eindeutig klären ließe, da es keine weiteren Zeugen oder Kameraaufnahmen gäbe. Man könne also nur klären

a) *wie die Jungen wieder miteinander auskommen und/oder*
b) *wie die Eltern die Sache für sich klären können.*
Beide Lösungen liegen aber in der Zukunft.

Die Mutter insistierte allerdings weiter auf ihrem ursprünglichen Anliegen und wollte den Ablauf (notfalls polizeilich) geklärt wissen. Die Schulsozialarbeiterin fragte sie, was sich dann dadurch ändere – für ihren Sohn? Die Mutter antwortete aufgebracht, dass sie die „Wahrheit" wissen wolle.

Sie wurde rein hypothetisch gefragt, was, wenn sie die Wahl hätte, wichtiger sei: die Wahrheit herauszufinden oder dass eine gute Lösung und Absprache für alle Beteiligten gefunden würde (beispielsweise, dass ihr Sohn sich wieder mit dem anderen verstehe).

Unabhängig davon, dass ich es in meiner gesamten beruflichen Laufbahn auch nicht einmal schaffte, einen derartigen Sachverhalt so zu klären, dass alle Beteiligten sagten *„Ja, das ist die Wahrheit, so ist es passiert!"* und *„Ich bin schuld."*, gibt es so etwas wie *Wahrheit* (gemäß dem *Konstruktivismus*) nicht. Selbst wenn eine Kamera dabei gewesen wäre (also alle könnten beliebig oft den Ablauf sehen), müssten diesen Bildern individuell eine Bedeutung gegeben werden (im jeweiligen Kopf) und dann mit Worten interpretiert bzw. ausgedrückt werden. Und eine Mutter wird nun einmal anders affektiv gestimmt auf diese Bilder schauen als eine andere vermeintlich „neutralere" Person.

Apropos mit Worten interpretieren: Stellen Sie sich eine Gruppe von Menschen vor, die einen Autounfall beobachten. Alle werden einzeln nach dem Unfall befragt und sollen auch die von ihnen geschätzte Geschwindigkeit angeben. Es kommt aber zu deutlichen Unterschieden bei den Schätzungen der Geschwindigkeit. Wie das?

Die einzelnen Menschen wurden gefragt: „Wie schnell waren die Autos ...
...als sie sich berührten?
...als sie kollidierten?
...als sie aufeinander stießen?
...als sie sich streiften?
...als sie ineinander krachten?

Je nach Fragestellung kommt es zu einem (signifikanten) Unterschied von bis zu 14,5 h/km. Alle sahen das Gleiche (die objektive Wahrheit), alleine das genutzte Verb veränderte die subjektive Wahrheit.[41]

Sollten Sie als Helfer bestrebt sein, „Wahrheit" zu produzieren, in der Hoffnung, dass dann Entscheidungen leichter fallen und leichter umgesetzt werden können, so muss ich Sie enttäuschen. Das ist, wenn überhaupt, Aufgabe von Polizei und Richtern, nicht die Aufgabe von Helfern, auch wenn sie sich als Anwälte ihrer Klienten sehen. Andererseits, um bei diesem Bild zu bleiben, holt ein guter Anwalt das Bestmögliche für seinen Mandanten heraus.

Und wie gelingt dies?

Indem man fragt, was erreicht werden soll (für den Klienten) und was man JETZT dafür tun kann.

Beides liegt in der Zukunft (na ja, eines davon könnte man noch zur Gegenwart zählen). Dies ist es, was man Lösungsorientierung nennt. Vergangenes zu klären hilft dabei recht selten.

Weisheit

„Jenseits von richtig und falsch liegt ein Ort. Dort treffen wir uns."

Dschalal ad-Din al-Rumi (1207-1273)

Eine gute Grundhaltung für den Helfer ist es, sich von der Idee zu verabschieden, dass es eine *„absolute"* Wahrheit gibt. Es gibt lediglich *individuelle* Wahrheiten - der besser gesagt, die Sichtweise dieses einzigartigen Individuums auf die Dinge – also ihre persönliche Perspektive.

Und sich als Helfer stets zu vergegenwärtigen: Dieses Individuum von etwas anderem überzeugen zu wollen (zum Beispiel von meiner

---

[41] https://de.in-mind.org/blog/post/rumms-oder-pling-wie-schnell-war-das-auto-beim-unfall

Sichtweise – denn DIE ist ja wahr) ist im eigentlichen Sinne (hier im Zwischenmenschlichen) kaum möglich.

Weisheiten

„Es ist eine nutzlose Arbeit, andere überzeugen zu wollen; sie bringen meist die Überzeugung schon mit."

Joseph Stanislaus Zauper (1784 - 1850)
Schriftsteller und Lehrer

„Alles, was wir hören, ist eine Meinung, keine Tatsache. Alles, was wir sehen, ist eine Perspektive, nicht die Wahrheit."

Mark Aurel, röm. Philosoph

Dass alles Perspektive ist, hilft zwar nur indirekt beim Überzeugen oder an Ziele zu kommen, schützt den Helfer aber davor, sich in der Überzeugungsarbeit zu verrennen.

Und - was auch nicht vergessen werden darf – vielleicht liege **ich** ja tatsächlich falsch?!

Weisheitsgeschichte

Im Fach Sozialwissenschaften hielt unser Professor ein schwarzes Buch hoch und sagte:

„Dieses Buch ist rot!"
Die ganze Klasse protestierte einstimmig und rief:
„Nein!"
Der Professor seinerseits beharrte darauf und sagte:
„Doch ist es!"
Und wir wiederholten:
„Das ist nicht richtig!"
Er drehte das Buch um und die Rückseite war rot!

Der Professor blickte in unsere beschämten Gesichter und meinte: *„Sage niemals jemandem, er liege falsch, solange du die Dinge nicht aus seiner Perspektive gesehen hast!"*

Und was bringt uns all dies? Vermeiden Sie Vergangenes klären oder so etwas wie „die Wahrheit" finden zu wollen. Orientieren Sie sich in Ihrer Arbeit daran, wo Sie und Ihr Klient hinwollen.

MOTIVATION

Der Übergang vom Thema *Wahrheit* zum Thema *Motivation* oder die Fragestellung *„Wie motiviere ich jemanden"* ist fließend, denn es wird versucht, einen Klienten vermeintlich zu etwas zu bewegen, auf das er keine Lust hat oder was er nicht (ein-)sieht oder von dem er nicht überzeugt ist.

Informationsoffensive

Eine gern angewandte Methode in diesem Zusammenhang sind sogenannte *Informationsoffensiven.*

Vom Gedanken ausgehend, dass dem Gegenüber lediglich die richtigen Informationen fehlen (Stichwort *Wahrheit*), wird versucht, ihn mittels Masse an Worten (Informationen) zu überzeugen. Wie mit dem Nürnberger Trichter, werden die Informationen in das Gegenüber geschüttet. Am besten dieselben Aspekte wiederholend, mit steigender Sprechgeschwindigkeit. Gerne begleitet mit den Sätzen *„Du musst doch einsehen, dass ...". „Sie müssen verstehen ...".* Bleibt dann merkwürdigerweise kurz- oder langfristig die gewünschte Reaktion aus (das neue „bessere" Verhalten wird nicht übernommen, das alte „schlechte" Verhalten wird nicht abgelegt, sondern fortgeführt), so wird dies der Uneinsichtigkeit, der fehlenden Motivation, der fehlenden Intelligenz oder schlicht einem schlechten Charakter zugeschrieben.

Und wie behandelt man all dies? Sie werden es erraten: mit einer Informations*groß*offensive.

Weisheit

„Information ist keine Kommunikation!"

Georg Wilhelm Exler

Einsicht im Gegenüber zu wecken (oder zu installieren) ist schlicht nicht möglich.[42] Egal wie wahr oder wissenschaftlich fundiert meine Informationen sind. Denn wenn es auf diese Art und Weise ginge, wären Unternehmungen wie z. B. die Suchtprävention eine recht einfache Sache. Ich erkläre einfach, dass und warum Drogen zu nehmen schlecht ist – und gut ist.

Doch jeder, der in diesem Bereich einmal arbeitete, weiß, dass dem nicht wirklich so ist. Psychoedukation ist gut und schön, doch alles hat seine Grenzen.

Als Helfer kann und soll ich Informationen anbieten. Beispielsweise, was das Konsumieren von Suchtmitteln im Körper, in der Wahrnehmung und im sozialen Miteinander kurz-, mittel- oder langfristig verändert bzw. anrichtet. Ich darf aber nicht davon ausgehen, dass diese Informationsgabe das bewirken, was ich mir erhoffe. Also dass beispielsweise ein Jugendlicher sich überhaupt nie an Rauschmitteln versucht, seinen Konsum vermindert oder sogar mit dem Konsum aufhört. Das ist mehr als naiv.

Am besten lassen sich Informationen vermitteln, wenn danach gefragt wurde. Dies ist nicht weiter verwunderlich. Es kann aber auch sein, dass der Helfer überzeugt ist, bestimmte Informationen geben zu müssen. Das gehört nun einmal zur Stellenbeschreibung, sprich zu seinen ureigensten Aufgaben. Wann genau aber beginnt aus 'Informationen geben', eine 'Informationsoffensive' zu werden (à la *TMI* - **T**oo **M**uch **I**nformation)?

Oder einfacher ausgedrückt, wann kann oder sollte ich mir die Mühen sparen?

Spätestens dann, wenn Sie bei Ihrem Gegenüber erkennen: *„Kein Anschluss unter dieser Nummer!".*

---

[42] Fachausdruck für Pädagogen und Helfer: Man nennt es *Einsichtsfalle* Chill, I. (2017). Brainwash und Einsichtsfalle: Indirekt direktive Kommunikation mit jungen Menschen in Maßnahmen. Norderstedt: BOD - Books on Demand

Fallen die Informationen nicht auf fruchtbaren Grund, so können Sie dies recht schnell an der Körpersprache sehen. Das Gegenüber möchte eigentlich nicht mehr zuhören, glaubt nicht, was Sie erzählen oder glaubt, schon über genug Informationen zu verfügen, ist aber zu höflich oder zu ängstlich oder ähnliches, um Ihnen dies direkt zu sagen. Fehlende Reaktionen in der Körpersprache (wie z. B. zustimmendes Nicken, reflektierendes Kopfschütteln, nachdenklich wirken durch 'nach innen gehen' etc.) sind Anzeichen dafür, dass Ihr Gegenüber (derzeit) keine Informationen möchte oder nicht aufnehmen kann. Und dann – lassen Sie es einfach! Sie erreichen eher das Gegenteil dessen, was Sie anstreben.

Natürlich können Sie jederzeit nachfragen, aber achten Sie bei der Beantwortung mehr auf die körperliche Reaktion als auf die Worte – auch hier möchten manche Menschen höflich bleiben (oder das, was sie dafür halten).

Richtige Antworten

Interessant ist es auch, wenn Menschen (Helfer, Eltern, Lehrer etc.) spezifisch auf eine bestimmte Antwort hinarbeiten. Ihnen genügt es nicht, ein ratifizierendes[43] 'Ja' oder 'Nein', oder *„mache ich nicht wieder"* zu hören. Sie erwarten eine bestimmt ausformulierte Antwort - im Idealfall mit dem dazu passenden Gesichtsausdruck.

Und wiederum wird so lange auf das Gegenüber eingeredet (und die gewünschten Sätze offeriert – bzw. angepriesen), bis der Sprechende hofft, diese Sätze zu hören.

Doch selbst wenn diese Satzkombination zerknirscht folgt, wie sehr kam es tatsächlich und überzeugt aus und von dem, der sie ausgesprochen hat? Es ist eine Sache, Konsequenzen für beispielsweise ein Fehlverhalten auszusprechen und durchzusetzen (dann muss er oder sie eben für das Fehlverhalten geradestehen) und

---

[43] Oder ein sich-in-sein-Schicksal-fügendes ...

eine andere Sache ihn oder sie zu erniedrigen, indem man ihm noch bestimmte Worte in den Mund legt (oder von ihm hören will).

Praxisbeispiel

In Suchtpräventionsveranstaltungen, die durch einen freien Träger in siebten Klassen angeboten wurden, war eine der dort durchgeführten Übungen: „Der Weg in die Sucht – der Suchtprozess".
Dabei sollten sechs Schlagwörter, die laminiert in der Mitte des Stuhlkreises lagen, in die richtige Reihenfolge gebracht werden. Die Begriffe waren: Genuss, Sucht, Positive Einstellung, Gewohnheit, Konsum und Riskanter Konsum. Dafür wollte der Präventionspädagoge erst einmal, dass die Schüler die einzelnen Begriffe definieren. Die Schüler konnten frei wählen, welchen Begriff sie erklären wollten und sollten loslegen.
„Also eine GEWOHNHEIT ist zum Beispiel, wenn ..."
Umgehend wurde der Schüler vom Präventionspädagogen unterbrochen: „Keine Beispiele!", forderte er auf.
„Eine Gewohnheit ist, wenn ein Erwachsener zum Beispiel ..."
Wieder eine sofortige Unterbrechung: „Ich sagte, wir (!) wollen keine Beispiele."
So ging es in etwa fort.
Es war regelmäßig ein sehr schneller Lernprozess bei den Schülern. Sie lernten sehr schnell, dass ihre Antworten immer falsch waren oder unzureichend und dass man, will man sein Selbstvertrauen wahren und nicht grenzenlos frustriert werden, besser nicht mitarbeitet.
Der Pädagoge war ja schon älter, er brauchte ein bisschen länger für seine Lektion.[44]

Was hätte er besser machen können? Oder - was hätte er besser gemacht?

---

[44] Die richtige Reihenfolge lautet übrigens: *Positive Einstellung, Konsum, Genuss, Gewohnheit, Riskanter Konsum, Sucht.*

Einer der Kernbergriffe der modernen Hypnotherapie nach Erickson ist die *Utilisation* (Nutzbarmachung)[45].

Dabei nutzt der Therapeut ALLES, sprich jegliches Verhalten eines Patienten und deutet es als Ressource und Kooperation zur Erreichung der gemeinsamen Ziele. Die Schüler haben mitgemacht, sie waren kooperativ und konstruktiv. Dies gilt es anzunehmen und zu loben. Entweder in dem man den Schülern hilft, von diesem Beispiel auf die allgemeine Regel (hier Definition) zu kommen, oder in dem man fragt: „Ja, gutes Beispiel – absolut richtig! – hat noch jemand Ideen oder Ergänzungen?"

Und selbst wenn der Beitrag nicht gut gewesen wäre oder sogar falsch, so ist doch das Engagement zu würdigen. Vielleicht springt so der Funke auf die Mitschüler über, dass diese den Mut fassen oder die Motivation finden, aktiv mitzuarbeiten?!

Reaktanz

Nicht nur, dass ich mit einer Informationsoffensive nicht das erreiche, was ich mir als Ziel setzte. Es kann sogar sein, dass ich eher das Gegenteil erreiche: Reaktanz.

Reaktanz ist die Reaktion eines Individuums (bzw. dessen Motivation) zur Wiederherstellung seiner als beschnitten empfundene oder eliminierte Freiheitsspielräume. Je mehr ich jemanden also dränge und ggf. mit Konsequenzen drohe, desto weniger möchte mein Gegenüber das tun, was ich von ihm will. Vielleicht kann ich ihn noch zwingen, etwas Bestimmtes zu tun. Seine Motivation und seine Einstellung werden sich diesbezüglich allerdings eher (negativ) verfestigen oder sogar in die andere Richtung verstärken.

Was können Sie nun tun?

---

[45] Revensdorf, D., & Burkhard, P. (Hrsg.). (2001). Hypnose in Psychotherapie, Psychosomatik und Medizin; Manual für die Praxis. Berlin, Heidelberg: Springer

Denn irgendetwas müssen Sie ja tun (s. o. Stellenbeschreibung).

Stellen Sie sich einen jungen Menschen vor, der etwas gemacht hat, von dem er weiß, dass es falsch war und der dabei erwischt wurde. Was erwartet dieser nun ggf. nebst Bestrafung? Eine Tirade des für ihn Verantwortlichen. Wie viel Erfolg wird diesem damit allerdings beschieden sein?

Gehen wir von Fall A aus: Der junge Mensch hat etwas getan und hat kein schlechtes Gewissen. Zwar gibt es Möglichkeiten, dieses ein wenig hervorzulocken, allerdings, wie hoch ist die Chance, dies mit einer Tirade zu erreichen?

Fall B: Der junge Mensch hat schon ein schlechtes Gewissen. In diesem Fall ist keine Tirade nötig.

Ergo, in keinem dieser beiden Fälle ist sie nötig oder sinnvoll.

Einzig wenn dem jungen Menschen nicht klar ist, dass er etwas falsch gemacht hat und der Verantwortliche mit einer emotionalen Ansprache reagiert, kann ich mir vorstellen, dass das (beim ersten Mal) beeindruckend ist. Doch wie oft hat man diesen Fall? Beispielsweise, wenn die Kinder des Hortes nicht auf direktem Weg nach der Schule in die Betreuung gekommen sind, sondern einen kleinen, nicht abgesprochenen Umweg gemacht haben und der Erzieher sich nun emotional zeigt. Das macht Eindruck, allein aufgrund der gezeigten Emotionen des Erziehers (Angst, Panik, Verzweiflung). Wer weiß allerdings, wie oft? Vor allem wenn bei Wiederholung keine weiteren Reaktionen (Konsequenzen) erfolgen als lediglich Tiraden.

Kommen wir auf den jungen Menschen zurück, der weiß, dass er etwas falsch machte und der jetzt eine bestimmte Reaktion erwartet. Was können Sie tun?

Zunächst einmal sollten Sie diese Erwartung einfach nicht erfüllen.

Erinnern Sie sich an die oben genannten NLP-Grundannahmen:

- *Menschen treffen immer die beste Entscheidung, die sie zu diesem Zeitpunkt treffen können*
- *Jedem Verhalten liegt eine positive Absicht zugrunde*

Sie können ihm beispielsweise sagen: *„Du hast wahrscheinlich gute Gründe für dein Verhalten?!"*
Ob es für Sie *gute* Gründe sind, sei einmal dahingestellt. Auf jeden Fall war es in *diesem* Augenblick *für ihn* eine gute Idee. Diese Gründe können Sie erfragen und über diese dann ggf. auf ihn einwirken.

Eine weitere nützliche Grundannahme ist:

Wenn das, was du tust, nicht funktioniert, mache etwas anderes.[46]

Was sich hier liest wie ein Gemeinplatz, hat mehr Tiefe, als man zuerst annimmt. Wie lange versuchen wir uns an Lösungsversuchen, die einmal funktionierten und es jetzt nicht mehr tun?

Weisheit

„Die Definition von Wahnsinn ist:
immer wieder das Gleiche zu tun
und andere Ergebnisse zu erwarten. "

Albert Einstein

Der junge Mensch erwartet eine bestimmte Reaktion von Ihnen und wenn Sie ihm diese geben, wird er auf eine erwartbare Art und Weise reagieren (beispielsweise: 'Kein Anschluss unter dieser Nummer' oder 'Diskutieren bis zum Umfallen'). Sie könnten beide auch geistig einfach den Raum verlassen und Ihre beiden Körper würden das Spiel alleine weiterspielen.

---

[46] Diese Grundannahme gibt es sowohl im NLP als auch in der Lösungsorientierten Beratung

Zeigen Sie allerdings eine nicht erwartete Reaktion, so kann der junge Mensch auch nicht „programmiert/automatisch" darauf antworten. Wenn Sie interessiert nach seinen Gründen fragen, so interessieren Sie sich auch für ihn als Person. Es ist folglich eine gute Grundhaltung, am Kunden interessiert zu sein. Nicht vordergründig, sondern wirklich. Dann besteht die Chance, dass es ihr Gegenüber auch so wahrnimmt.

Sich-wahrgenommen-fühlen motiviert. Doch es geht noch weiter. Nicht nur ist es schön, akzeptiert zu werden, wie man ist, sondern darüber hinaus, dass mir jemand etwas zutraut, also über das Jetzt hinaus die Zukunft betreffend.
Was meine ich damit und wie können Sie es nutzen?

In einem Versuch wurde Studenten erzählt, die Rattengruppe, mit der sie arbeiten sollten, sei durch Züchtung entweder besonders dumm oder besonders intelligent. Getestet und überprüft werden sollte dies anhand eines Labyrinth-Versuches.
Und tatsächlich, die 'dummen' Ratten brauchten länger als ihre klügeren Kollegen.
Was die Studenten nicht wussten, war, dass alle Ratten aus dem gleichen genetischen Stamm kamen (also durchschnittlich die gleiche Intelligenz aufwiesen). Allein die Erwartungshaltung der Versuchsleiter brachte diese deutlich messbaren Effekte zustande.[47]

Ratten sind keine Menschen, doch auch bei Menschen (hier Schüler) ist dieser Effekt nachweisbar - wobei er hier *Pygmalioneffekt* heißt:[48]
Geht eine Lehrkraft davon aus, dass sie es mit einem besonders begabten Schüler oder einer besonders begabten Klasse zu tun hat, so hat dies Auswirkungen auf die Motivation beider – der Lehrkraft,

---

[47] Dieser Effekt ist als *Rosenthal-Effekt* bekannt
https://de.wikipedia.org/wiki/Rosenthal-Effekt
[48] https://de.wikipedia.org/wiki/Pygmalion-Effekt

als auch der Schüler (bis angeblich hin zu messbaren Verbesserungen der Intelligenz der Schüler).

Wenn Sie also davon überzeugt sind, dass Ihr Gegenüber zu einer Sache in der Lage ist, strahlen Sie etwas aus, was motiviert, inspiriert und Sicherheit vermittelt. Dies wirkt sich positiv für Ihr Gegenüber, seine Motivation und seine Leistung aus.
Die Crux: Sie müssen selbst davon überzeugt sein.

One-Dollar-Erwartung

Jeffrey Zeig (ein Schüler des Hypnotherapeuten Milton Erickson) lehrt, dass es in der Therapie darum gehe, eine „One- Doller-Erwartung" zu schaffen. Was meinte er damit? Er berichtete über einen Versuch, den Milton Erickson selbst durchführte: Eine Hälfte einer Versuchsgruppe wurde angekündigt, dass sie einen Dollar (damals viel Geld) bekäme, die andere nur einen Dime (10 Cent).
Der anderen Hälfte der Gruppe wurde angekündigt, dass sie lediglich einen Dime bekämen, während die anderen mit einem Dollar beglückt würden.
Der Untersuchungsleiter wusste nicht, wer zu welcher Gruppe gehört. Er hat nur die Aufgabe, die Dollar und Dimes zu verteilen.
Am Ende hat der Untersuchungsleiter hochsignifikant häufig die Dollars und Dimes so verteilt, wie es den Erwartungen der Probanden entsprochen hatte. [49]

Weisheit

„Wenn Du jemanden für verlässlich hältst, wirst du ihn dazu machen."

Seneca
Epistulae morales 3,3

---

[49] Persönliche Mitteilung Manfred Prior (Leiter der Milton Erickson Gesellschaft Frankfurt)

Je nach Klientel ist das allerdings eine schwierige Sache. Man hat ja - vor allem mit den Jahren - so seine Erfahrungen.

Weisheit

„Ich bin durchaus nicht zynisch, ich habe nur Erfahrung und das ist so ziemlich dasselbe."

Oscar Wilde

In manchen Fällen wäre es demnach so, als versuche man sich selbst zu betrügen. Wie kann ich jemanden motivieren, von dem ich nicht wirklich 'sicher' bin, dass er es schafft (um es höflich auszudrücken)?

Praxisbeispiel

Bei einem sozialen Träger waren durch die Agentur für Arbeit junge Menschen für unterschiedliche überbetriebliche Ausbildungen angemeldet. Die größte Gruppe dabei bildeten die Verkäufer, dann gab es noch Gärtner und Fachkräfte im Gastgewerbe.

Am ersten Tag der Maßnahme stellten die jeweiligen Ausbilder allen Azubis in einer Gruppenveranstaltung ihr jeweiliges Gewerk vor. Der Ausbilder der Fachkräfte im Gastgewerbe, seines Zeichens Koch, hatte allerdings einen schwerwiegenden Charakterfehler: Er war von seinem Beruf begeistert. Und war augenscheinlich in der Lage, diese Begeisterung mit anderen zu teilen, vor allem mitzuteilen.

Was war der Effekt?

Die Hälfte der Verkäufer wollte auf einmal Fachkraft im Gastgewerbe lernen.

Nur wer für eine Sache brennt, kann in anderen ein Feuer entfachen. Nur wer von einer Sache begeistert ist (und sei es Menschen zu helfen), kann inspirieren und das heißt motivieren. Dies gilt für

Lehrkräfte und alle anderen pädagogischen und therapeutischen Bereiche.[50]

Und wer begeistert ist, dem sieht man das an. Er zeigt Gefühle, er zeigt Verve. Er kann Geschichten erzählen und bringt sich als Mensch ein. Es geht weniger um Informationen und deren Vermittlung oder darum, etwas für andere zu tun. Es geht um Gefühle, Affekte und Überzeugungen: Die Gefühle des Helfers und die, die man im Gegenüber induziert (bzw. weckt).[51] Auf gut Deutsch: selbst begeistert von dem sein, was man tut und an was man glaubt.

Weisheit

„Wenn du ein Schiff bauen willst, beginne nicht damit, Holz zusammenzusuchen, Bretter zu schneiden und die Arbeit zu verteilen, sondern erwecke in den Herzen der Menschen die Sehnsucht nach dem großen und schönen Meer."

Antoine de Saint-Exupéry

Ein reiner Informationsgeber oder Wissensvermittler (als was sich beispielsweise manche Lehrkräfte sehen) wird wenig erreichen. Schlimm genug, wenn er sich noch darüber wundert und über die Schüler beschwert.

Noch ein Rückblick auf den Goldstandard (s. o. S. 35) des Lobens. Auch Loben als Motivationsverstärker will gelernt sein und folgt wie alles einigen Regeln:

Loben Sie nicht um des Lobens willen. Wenn Sie loben, müssen Sie davon überzeugt sein, was Sie sagen. Übermäßiges Loben oder falsches Loben wird schnell als das erkannt, was es ist – heiße Luft.

Loben Sie daher *zeitnah, konkret/spezifisch, nachvollziehbar* und primär *beobachtbare Verhaltensweisen.*

---

[50] (Spitzer, 2007) S. 194
[51] (Spitzer, 2007) S. 160

Menschliche Charaktereigenschaften (beispielsweise *Kreativität* oder *Intelligenz*) sollten Sie nicht zum Loben nutzen, da dies die Gefahr beinhaltet, dass der Gelobte sie als statisch betrachtet.

„Du hast dir beim Malen wirklich viel Mühe gegeben. Alle diese Details!", „Da bist du wirklich ausdauernd drangeblieben!", wird ein Kind für weitere Anstrengungen motivieren.

Demgegenüber wird ein Kind nach einem *„Du bist wirklich intelligent/kreativ!"* signifikant weniger Motivation zeigen für darauffolgende Anstrengungen, da es befürchtet die gleiche Leistung nicht mehr erbringen zu können und dadurch dieses Lob und damit diesen Status (Zustand) zu verlieren.[52]

Man kann davon ausgehen, dass alle Punkte das Loben betreffend auch für Erwachsene gelten. Man weiß ja, wie viel Freude es macht, wenn das gesamte Team vom Chef zu hören bekommt: „Sie haben alle sehr gut gearbeitet!"

Keine Verneinungen nicht und Wörter, die Sie meiden sollten

Es gibt einige Wörter, die man als Kommunikator nicht benutzen sollte. Nicht weil sie 'böse' sind, sondern weil sie ineffektiv sind und die Arbeit unnötig erschweren.

Ein paar dieser Wörter sind die allseits beliebten Verneinungen. Gerade Deutsche scheinen Verneinungen zu lieben: *„Kein Zutritt für Unbefugte!"*[53], *„Das war jetzt nicht schlecht!"* oder *„Das schmeckt nicht übel."*

Was meint der letztgenannte Satz eigentlich? Es soll ein Lob sein. Und wenn man weiß, wie es gemeint ist (im Freundeskreis), dann ist das

---

[52]https://www.uni-mannheim.de/forschung-erleben/artikel/intelligent-loben-statt-intelligenz-loben/

[53] Man könnte ja auch sagen: „Zutritt nur für Befugte!". Allerdings wird lieber das KEIN in den Vordergrund gerückt.

auch okay. Wenn mir aber jemand ein Schnäpschen anbietet und ich sage *„Da sage ich nicht Nein!"*, hat das eine gänzlich andere Wirkung, als wenn ich den gleichen Satz zu einem Date sage, nachdem mich dieses fragte, ob ich noch auf einen *'Kaffee mit nach oben'* kommen will – sehr romantisch.

Aber im Ernst, obgleich Verneinungen sehr gebräuchlich sind, können wir sie (gehirntechnisch) nur schlecht korrekt verarbeiten.

Falls Sie mir nicht glauben, ein paar Beispiele:

Nie nichts essen, wenn man keinen Hunger hat

ist das eine Lösung oder ist das keine Lösung?

Ich glaube, darüber muss man erst einmal nachdenken (vor allem, wenn Sie diesen Satz nur hören, anstatt ihn wie hier zu lesen).[54]

Aber es geht noch viel profaner.

Ein *'Nein'* auf die Frage *„Hast du Hunger?"*, verstehen wir, da es mathematisch eindeutig ist. Die Person sagt, dass sie keinen Hunger hat. Antwortet sie mit *'Ja'*, hat sie dementsprechend Hunger.

Frage ich aber stattdessen: *„Hast du keinen Hunger?"*, wird die Sache komplizierter. Ein einfaches *'Ja'* oder *'Nein'* kann da leicht missverstanden werden. Denn *'Ja'* heißt hier korrekterweise (im *mathematischen* Sinne): Die Person hat *keinen* Hunger und will nichts essen. *„Ja, du hast Recht, ich habe keinen Hunger."*
Bei *'Nein'* das Gegenteil: *„Du hast unrecht, ich habe Hunger."*

Grammatikalisch ist es wieder anders. Hier kann die Frage *„Kommst du morgen nicht?"*, korrekterweise beantwortet werden mit *„Nein, ich komme nicht!"*, obwohl es im *mathematischen* Sinne eigentlich *„Ja, ich komme nicht!"*, heißen müsste (wenn ich nicht beabsichtige

---

[54] Die Lösung:

Etwas essen, wenn man Hunger hat:	Ist eine Lösung
Nichts essen, wenn man Hunger hat:	Ist **keine** Lösung
Nichts essen, wenn man **keinen** Hunger hat:	Ist eine Lösung
Nie nichts essen, wenn man keinen Hunger hat:	ist demnach **keine** Lösung

zu kommen). Die eigentliche Beantwortung der Frage liegt also in deren Wiederholung.

Ein einfaches (einsilbiges) *'Ja'* oder *'Nein'* ohne eine weitere Wiederholung von Teilen des Fragesatzes ist nicht eindeutig.[55]

Menschen in Problemlagen und Krisen sind erheblich anfälliger für Schwierigkeiten in der Sprachverarbeitung bei Verneinungen als ungestresste Menschen.
Viele Menschen verarbeiten Sätze zuerst bildhaft und erst dann digital.

„Die Sonne lacht vom blauen Himmel!"

„Die Empfindung gründet gegen darstellbare Vereinigungen."

Welchen dieser beiden Sätze können Sie sich besser merken? Beide sind grammatikalisch absolut korrekt. Auch an der Schwierigkeit der Wörter sollte es nicht liegen. Natürlich ergibt der zweite Satz keinen Sinn, verdeutlicht aber, dass wir uns gerne ein Bild machen. Wenn Sie allerdings davon ausgehen, dass es lediglich an der Sinnlosigkeit hing, dass Sie sich den Satz nicht merken konnten:

„Die Konzepte erläutern nichts zum philosophischen Verständnis."

Auch nicht wirklich be*merkens*wert, da auch dieser Satz schwer vorstellbar ist.

So weit, so gut. Kommen wir wieder zu der Schwierigkeit des Menschen mit Verneinungen.

„Der Hund sitzt auf dem Tisch."

Kann man sich gut merken, da vorstellbar. Allerdings ...

*„Der Hund sitzt **nicht** auf dem Tisch."*

---

[55] Natürlich gibt es eine kleine Ausflucht auf die o. g. verneinten Fragen, wenn man unbedingt einsilbig bleiben möchte. Man kann beispielsweise mit dem Adverb *'doch'* antworten. *„Kommst du morgen nicht?" „Doch!"*

Ja, was tut er denn der Kleine? Fragen Sie zehn Menschen, welche Strategie sie anwenden, um sich diesen Satz in seiner verneinten Form zu merken (unter der Voraussetzung, dass es einer von vielen zu merkenden Sätzen wäre). Was ist der Unterschied zwischen dem positiven Satz und dem verneinten Satz?

Mögliche Antworten, die Sie hören werden:

„Eine große Hand nimmt den Hund vom Tisch.", „Ein großes rotes X erscheint über dem Bild", „Ich sehe zwei Bilder, beim ersten sitzt der Hund auf dem Tisch, dann poppt ein zweites auf und er sitzt unter dem Tisch.", „Das verneinte Bild verschwindet bei mir nach links oben."

Und wie ist das bei Ihnen? Wie merken Sie sich diesen Satz?

Verneinte Aussagen bedürfen zweier Schritte. Als erstes das positive Bild und danach konstruiert sich unser Gehirn etwas, dass uns hilft uns zu erinnern, dass diese Aussage verneint ist. Es ist also ein Akt, der ein gewisses Maß an Gehirnkapazität benötigt.

Mensch in Krisen oder unter Stress haben weniger von dieser Kapazität. Der verfügbare Arbeitsspeicher ist kleiner. Sie „überhören" schlichtweg die Verneinungen.

„Jetzt machen Sie sich keine Sorgen, das ist nicht weiter schlimm, niemand nimmt Ihnen ihr Kind weg."

Wohlmeinende Worte zum Beruhigen. Allerdings, was werden die Menschen, wenn sie unter großem Stress stehen, hören? MACHEN SIE SICH SORGEN... SCHLIMM... KIND WEG.

Verneinte Aufforderungen haben fast suggestive und imperative Wirkung.

„Dreh dich jetzt bloß nicht um, da kommt dein Ex", „Kind, fall jetzt nicht hin!", „Nicht nach unten sehen."

Auch viele wohlmeinende Klassenregeln fallen leider in diese Kategorie. Es wird dann genau beschrieben, was in der Klasse **nicht** gesehen oder gehört oder erfahren oder gemacht werden soll.

Potpourri

---

*...wir gehen **nicht** an fremde Sachen ... ich wende **niemals** Gewalt an ... Abfällige Bemerkungen sind **nicht** angebracht ... wir lachen uns **nicht** aus ... wir rufen **nicht** rein ... wir reden **nicht** dazwischen ... wir kommen **nicht** zu spät zum Unterricht ... wir diskutieren **nicht** nach gegebenen Anweisungen ... wir lästern **nicht** ... **keinen** Quatsch machen und **nicht** herumlaufen ... **keine** Faxen machen ... **kein** Streit in der Klasse ... sich **nicht** über andere lustig machen ... **niemand** schlägt, rempelt oder beleidigt einen Mitschüler ... Wir **vermeiden** nervige Streitereien ... Wir stören und behindern den Unterricht **nicht** ... [wir] **unterlassen** Handlungen und Reden, die die Mitschüler/ Lehrer belästigen oder stören ...**nicht** anschreien ... **keine** Brutalität[56]*

Gewöhnen Sie sich als Helfer und somit als aktiv Kommunizierender an, Aussagen positiv (also **un**-verneint) auszudrücken.

„Kommen Sie erst einmal hier an, wir kriegen das in den Griff, ihr Kind ist sicher."

„Schau mich an, hör mir zu und mach, als ob du Spaß hättest ... da hinten kommt dein Ex ..."

„Geh langsam, der Weg ist rutschig ..."

Sagen Sie das, was Sie erreichen möchten, nicht das, was Sie vermeiden möchten. Dieser Umgewöhnungsprozess dauert erfahrungsgemäß länger – aber er lohnt sich.

Wenn Sie glauben, dass diese Art der Kommunikation nicht genutzt würde ...

---

[56]https://www.yumpu.com/de/document/read/23356242/klassenregeln-der-klasse-8-hauptschule-zoznegg
https://www.pedocs.de/volltexte/2009/553/pdf/TH_Selbstwirksamkeit.pdf

Beispiel aus der Praxis

2018 ging das Gerücht um, dass der Frankfurter Fußballtrainer Nico Kovac mitten in der Saison zu Bayern München wechseln wolle. In einer Pressekonferenz dazu befragt, äußerte er sich so:
„Es gibt keinen Grund daran zu zweifeln, dass ich im nächsten Jahr hier nicht Trainer bin."
Die Fans und der Verein waren beruhigt, sie waren sich sicher, dass der geliebte Trainer bliebe.
Eine Woche später war er bei den Bayern unter Vertrag. Das Interessante: Er hatte nicht gelogen.
Gelogen hätte er, wenn er gesagt hätte:
„Es gibt keinen Grund daran zu zweifeln, dass ich im nächsten Jahr hier Trainer bin."
Das zweite 'nicht' (s. o.) wurde von den meisten Reportern und Fans überhört. Ob dies von Herrn Kovac böser Wille, Genialität oder ein Freud'scher Versprecher war, sei dahingestellt.[57]

Dead man's Rule

In diesem Zusammenhang, also Kommunikation, Verneinungen und Motivation und vor allem beim Helfen, sollten Sie auch von der *Dead Man's Rule* gehört haben: Als Helfer sollten Sie es vermeiden, jemanden zu etwas zu motivieren, was auch ein Toter könnte. *„Trinken Sie einfach nicht mehr.", „Nehme Sie bitte keine Drogen mehr.", „Wenden Sie niemals Gewalt bei Ihren Kindern an."* etc. Dazu ist nun mal auch ein Toter in der Lage – Sie haben es aber mit Lebenden zu tun – handeln Sie entsprechend. Sagen Sie was Sie wollen oder was der andere tun soll.

---

[57] Das zweite 'nicht' wurde tatsächlich geäußert, ich habe die entsprechende Stelle der Pressekonferenz selbst gesehen. In einigen Zeitungsartikeln erscheint es - in anderen nicht. Kilchenstein,2019

Exkurs für angehende Profis: Verneinungen nutzen

In der Hypnotherapie werden Verneinungen aus genau den oben genannten Gründen nutzbar gemacht. *„Sie brauchen sich jetzt nicht zu* **entspannen,** *... achten Sie nicht auf* **meine Stimme,** *... es ist unwichtig zu bemerken, wie der* **Atem ruhiger und tiefer** *wird ..."*

Doch auch in Ihrer normalen Arbeit können Sie Verneinungen nutzen. *„Kerl, es ist jetzt nicht wichtig, was du angestellt hast."* (Ist es doch!) *„Du musst mir jetzt gar nicht zuhören – ich will nur, dass du weißt ..."* Gerade mit herausfordernder Kundschaft, die es gewohnt ist, dass verneint und direktiv kommuniziert wird, erreicht ihn der zweite Satzteil mit höherer Wahrscheinlichkeit, als wenn Sie den ersten Satzteil positiv *„Du musst mir jetzt zuhören!"* ausgedrückt hätten.[58]

...wer nicht fragt, bleibt dumm

Ein weiteres Wort, das sie selten nutzen sollten, ist ein bestimmtes der W-Fragewörter.

Die meisten W-Fragen können Sie sehr gut nutzen, um Sachverhalte zu präzisieren, zu zergliedern und auch um zu motivieren.

„Wie genau machen Sie das?", *„Wer kann Ihnen helfen?"*, *„Wo müssen Sie anrufen?"*, *„Wann tritt das Verhalten nicht auf?"*, *„Was genau ist passiert? In welcher Reihenfolge?"*, *„Was glauben Sie, wozu dient dieses Verhalten?"*

All diese Fragen sind konstruktiv. Es wird nach Ausnahmen gefragt, nach einem bestimmten Verhalten oder einer Tätigkeit und ist auf Gegenwart und Zukunft gerichtet.

Doch eine beliebte Frage fehlt:

„Warum?"

---

[58] Man könnte fast sagen: Negative eingestellte Menschen reagieren gut auf verneinte Sätze.

Und *warum* sollten Sie diese Fragen nicht nutzen?

Wenn Sie dieses Fragewort nutzen, fühlt sich der Gefragte genötigt sich für etwas zu rechtfertigen, was er getan (oder auch gerade nicht getan) hat. Manchmal hat er eine Begründung und manchmal wird eine erfunden.

Stellen Sie sich einen Jugendlichen vor (wahre Geschichte), der am Waldrand neben einem Hochsitz mit einigen Kumpels abhängt und sich langweilt. Polizisten kommen vorbei, sprechen mit den Jugendlichen und kündigen an, dass, wenn etwas mit dem Hochsitz geschehe, sie ja wüssten, an wen sie sich wenden müssten. Eine Stunde später hat dieser Jugendliche den Hochsitz umgestoßen und ein kleines Freudenfeuer damit entfacht. Und jetzt fragen Sie ihn: *„Warum?"* Was werden Sie hören? *„Schlechte Gene?"*, *„Ich war's nicht – ich schwöre!"*
Die richtige Antwort wird wahrscheinlich lauten: *„In dem Moment schien es mir irgendwie sinnvoll."* oder *„Ich hatte einfach Lust dazu."* Es ist aber kein wirklicher Zugewinn an Information. Warum also diese Fragen überhaupt stellen? (Dies ist übrigens eine rhetorische Frage)

Natürlich können Sie ein Kind fragen, warum es weint oder warum es traurig ist. [59]
Geht es allerdings um Handlungen, die den Hauch einer (negativen) Wertung in sich tragen (Sie erinnern sich? - *Beziehungsaspekt*), so hat der andere das Gefühl, sich rechtfertigen oder verteidigen zu müssen. *„Warum kannst du nicht die Schuhe ausziehen, wenn du in die Wohnung kommst?"*, *„Warum hast du nicht die Wäsche aufgehängt?"*, *„Warum kommst du so spät?"*

Im Zusammenhang des Helfens beispielsweise: *„Warum haben Sie sich einen Joint gekauft, wenn Sie ihn nicht rauchen wollten?"*, *„Warum sind Sie rückfällig geworden?"*

---

[59] Sie können aber auch mitfühlend fragen: *„Was ist denn passiert?"*

Woher kommt der fast zwanghaft anmutende Automatismus nach dem *Warum* zu fragen? Philosophische Neugier à la Kant? *Was kann ich wissen? Was soll ich tun? Was darf ich hoffen? Was ist der Mensch?* Nein, auch hier kein *Warum*.

Nach einem *Warum* zu fragen bzw. zu suchen funktioniert sehr gut bei sogenannten *trivialen Maschinen*. Triviale Maschinen erkennt man daran, dass ihr Output (ihre Antwort, ihre Reaktion) auf einen Input (einen Reiz) immer gleich ist.

Helles Brot in Toaster, Start-Schieber [60] nach unten drücken, warten, fertiger leichtbrauner knuspriger Toast kommt heraus.

Ist er allerdings nicht getoastet oder total verbrannt, kann ich fragen „*Warum*" und nach Ursachen forschen.

Drehe ich den Zündschlüssel meines Autos und ich höre ... nichts, kann ich ebenfalls fragen „*Warum*". Obgleich viele Faktoren daran beteiligt sein können, kann ein Mechatroniker mithilfe eines Ausschlussverfahrens den Fehler finden, mir erklären und ihn ggf. beheben.

Der Mensch ist nun aber eine *nichttriviale Maschine*. Auf den gleichen Reiz reagiert er nicht unbedingt auf immer die gleiche Art und Weise. Im mathematischen Sinne ist sein Verhalten nicht vorhersehbar oder prognostizierbar. Sind zwei oder mehr nichttriviale Maschinen verschaltet oder in Interaktion (dies ist z. B. bei einem Ehepaar, einer Familie, einer Arbeitsgruppe der Fall) sind Reaktionen noch viel weniger prognostizierbar.[61]

Es kann zwar immer nach einem *Warum* gefragt werden – wenn Sie sich aber an das Kapitel mit den Neuronen (S.53) erinnern, kann man nur davon ausgehen, dass dann eine mögliche Antwort '*fabuliert*' wird.

---

[60] Es heißt wirklich so!
[61]https://wiki.kinaesthetics.de/wiki/Maschinen_(triviale_und_nichttriviale)

Einschub Fabulierer

Dieser fabulierende Teil scheint Teil der Hardware des Gehirnes zu sein. Zeigt man Split-Brain Patienten (also Patienten, denen die Verbindung der beiden Gehirnhälften operativ entfernt wurde) Bilder, die nur der linken Gehirnhälfte präsentiert werden (Sprachzentrum) kann dieses die Bilder präzise benennen. Bilder, die nur der rechten Gehirnhälfte präsentiert werden, können vom Patienten nicht benannt werden, aber er kann darauf zeigen. Wählt nun aber die rechte Gehirnhälfte ein Bild durch zeigen aus, weiß die linke Gehirnhälfte nicht, warum die rechte dies getan hat (sie hat ja das entsprechende Bild nicht präsentiert bekommen). Sie sieht aber das Ergebnis und fängt an zu fabulieren, warum die entsprechende Hand (die Linke, die von der rechten Hirnhälfte gesteuert wird) so handelte, wie sie handelte. Bekommt die linke (sprachbegabte) beispielsweise einen Hühnerfuß und die rechte Hälfte, eine Schneelandschaft gezeigt und bittet dann beide, aus verschiedenen Motiven das jeweils dazu Passende auszuwählen; (hier: Huhn bzw. Schneeschaufel) so kann der Split-Brain-Patient das Huhn sprachlich begründen: „Der Hühnerfuß gehört zum Huhn." Die Schneelandschaft hat diese Hälfte nicht gesehen jedoch die Wahl der rechten Hälfte: die Schneeschaufel. Die Linke erfindet dann kurzerhand eine dazu passende Geschichte: „Man braucht eine Schaufel, um den Hühnerstall auszumisten." [62]

Auch wenn es ungewohnt ist, die anderen W-Fragen (**wer, wo, was, wie, wann, womit, wozu** dient, **welche** Folge) sind geeigneter,

...um zu einem gewünschten Verhalten zu kommen,
...um jemanden zu einem konstruktiven Verhalten zu motivieren
...oder auch eine Situation lösungsorientiert zu klären.

---

[62] https://www.zeit.de/zeit-wissen/2012/02/Mensch-Individuum-Selbstbewusstsein/seite-3

Demgegenüber können Sie übrigens jemand unter großen Stress setzen, wenn Sie nach einem „Warum" fragen und auf jegliche Antwort Ihres Gegenübers wieder mit „warum" reagieren. Kleine Kinder beherrschen diese Kunst ausgezeichnet. *„Mama, warum ist dies so und so ...?" „Nun mein Kind, weil ..." „Warum?" „Ei, weil ..." „Warum?" „[...] Ach Kind, geh doch draußen spielen."*

Ziele und Wohlgeformtheit

Was haben nun Ziele mit Motivation zu tun?
Sehr viel, wie Sie zurecht vermuten.
Und was hat Motivation mit Zielen zu tun?
Sehr viel, wie Sie ebenfalls zurecht vermuten.

Ziele und vor allem Zielplanung können als ein eigenständiges Verfahren angesehen werden, welches einiger Übung bedarf. Im Grunde geht es darum, ein geeignetes (für den Klienten motivierendes) Ziel zu finden, dieses in machbare Schritte zu zergliedern, einen ersten Schritt zu finden und vor allem mögliche Hindernisse auf dem Weg von Anfang an mit einzukalkulieren und von Beginn an Alternativen zu entwickeln, wie man mit diesen Hindernissen umgehen kann.[63]

Was haben Ziele mit Sprache und diesem Buch zu tun?
Ebenfalls sehr viel. Hier geht es um das Formulieren von Zielen, auf dass sie 'wohlgeformt' seien (s. u.).

Gemäß dem Kommunikationswissenschaftler Paul Watzlawick gibt es einen klaren Zusammenhang zwischen dem Formulieren klarer

---

[63] (Chill, I. 2017)
https://www.spektrum.de/news/motivation-wie-wir-unsere-ziele-erreichen/1681136

und eindeutiger Ziele und dem Erfolg einer Therapie.[64] Denn nur wenn man weiß, was konkret erreicht werden soll, ist überhaupt messbar, ob es erreicht wurde.

Nicht, dass es in diesem Buch um Therapie gehen soll und auch nicht um Zielplanungsverfahren. Es geht um die Fallstricke beim vermeintlich so einfachen Formulieren von Zielen und auf was Sie achten sollten.

Einschub

Wohlgeformte Aussagen/Ziele.

Richard Bandler und John Grinder, die beiden Begründer des NLP, untersuchten und beschrieben die regelhaften Sprachmuster herausragender Therapeuten ihrer Zeit und veröffentlichten ihre Ergebnisse als 'Meta-Modell der Sprache'. Ihnen fiel vor allem auf, dass diese Therapeuten konstruktiv nach „Metamodellverletzungen" (augenscheinliche grobe Abweichungen der Oberflächenstruktur von der Tiefenstruktur) bei ihren Patienten suchten und durch bestimmte Fragetechniken versuchten, diese Verletzungen zu heilen – heißt diese Lücken zu schließen.

Diese Metamodellverletzungen waren vor allem

• Tilgung (Informationen verschwinden),

• Verzerrung (Informationen werden durch den Wahrnehmungs- und Darstellungsprozess verzerrt) und

• Generalisierung (Ausnahmen werden nicht wahrgenommen oder dargestellt).

Wohlgeformt sind Aussagen (und damit auch Ziele), wenn sie keine groben Meta-Modellverletzungen enthalten.[65]

---

[64] Watzlawick, P., Weakland, J., & Fisch, R. (2020). Lösungen (9. Ausg.). Bern: Hogrefe;
Trenkle, B. (2012). Dazu fällt mir eine Geschichte ein. Heidelberg: Carl-Auer-Systeme Verlag u. Verlagsbuchhandlung GmbH S.79
[65] (Bandler & Grinder,2011); (Stahl, 1993)

Den gesamten Prozess darzustellen macht schon die Doktorarbeit von Richard Bandler aus und würde den Rahmen der hier dargestellten *'Grundlagen'* der Kommunikation sprengen.

Hier geht es darum, dass Sie bei bestimmten Formulierungen Ihrer Gegenüber hellhörig werden sollten, da gegebenenfalls Aussagen getroffen werden, die nicht ausreichend zweckdienlich oder sogar schädlich sein können.

Wann sollten Sie nun hellhörig werden? Wie sollten diese Aussagen beschaffen sein. Und was können Sie tun?

KEINE VERNEINUNGEN NICHT

Wohlgeformtheitskriterium
POSITIVA

Dieser Punkt wurde schon ausführlich formuliert. Wenn Ihr Gegenüber Aussagen tätigt, wie

*„Ich will **nicht** mehr trinken."*, so ist es sinnvoll, den Klienten dazu anzuleiten, diese Aussage in eine positive Aussage umzuformulieren. Welche Fragen können Sie stellen, um dies zu erreichen?

Mögliche Fragen
*„Sie wollen nicht mehr trinken ... **sondern?**"*

Dies zwingt ihr Gegenüber umzuformulieren oder sich zumindest Gedanken darüber zu machen, was er seine Zeit stattdessen verbringen möchte.

VERGLEICHE

Wohlgeformtheitskriterium
KEINE VERGLEICHE

Erinnern Sie sich noch an die oben angesprochenen Schulregeln? Eine weitere war:

„Wir folgen dem Unterricht aufmerksamer, arbeiten mit und lernen besser." [66]
Aufmerksamer? Als was? Als wer?

---

[66] (Sänger, 2006)

Viele Klienten nutzen derartige Vergleiche (Komparative) ohne Bezug. Es sind Aussagen, auf die die überwiegende Anzahl von Helfern positiv reagiert, wenn sie sie hört:

„Ich komme jetzt pünktlicher", „Ich strenge mich mehr an", „Ich rauche jetzt weniger". Sie als Helfer sind glücklich, Ihr Gegenüber hat es anscheinend begriffen. Er kommt jetzt pünktlich. Wirklich? Hat er das gesagt? Nein, mitnichten. Er sagte *„pünktlicher".* Kommt die Person anstatt täglich zwei Stunden zu spät, nun an vier Tagen zwei Stunden und an einem Tag eine Stunde und fünfundfünfzig Minuten zu spät, so ist er per definitionem tatsächlich „pünktlich-**er**".

Mögliche Fragen
„Was heißt für Sie pünktlicher?"
„Was heißt für dich besser lernen? Oder sich mehr anstrengen?"
„Woran würdest du oder ich oder jemand anderes merken, dass du pünktlicher bist, dich mehr anstrengst und besser lernst?"

Doch auch die Grundform kann hinterfragt werden: *„Das ist mir zu anstrengend!"*

„Im Vergleich wozu?"

Bei den Gegenfragen *„Sondern?", „Woran würde ich merken, dass...?", „Was heißt...?"* tritt gleich ein weiterer wichtiger Punkt hinzu, der genau so wichtig ist, wie die Gegenfrage selbst: Das Präzisieren und damit Kontextualisieren. Die Antwort, sprich das (neue) Verhalten wird in einen bestimmten Kontext gesetzt (räumlich, zeitlich, sozial etc.) und somit beschreibbar, einschätzbar und überprüfbar. Die Chance des Eintritts dieses kontextualisierten (neuen) Verhaltens sind damit höher als vor der Präzisierung.

FUTUR UND KONJUNKTIVE MODALVERBEN

> *„Ich werde morgen mit dem Trinken aufhören!"*

Wohlgeformtheitskriterium
PRÄSENS

(ehrlich). Sie können gerne raten, was ihr Gegenüber Ihnen dann morgen sagen wird.

Aussagen, die im Futur geäußert werden, bedeuten für den, der sie äußert, zwar eine gewisse Absichtserklärung. Häufig soll sie aber nur das Gegenüber (und vielleicht sich selbst) beruhigen. Eine Äußerung im Präsens hat eine höhere Selbstverpflichtung als eine im Futur.

„Ich müsste/sollte/könnte mal aufräumen.", geht in die gleiche Richtung. Es ist, als glaube der Äußernde, seine Absichtserklärung sei dasselbe wie deren Ausführung. Konjunktive als Methode sind für den Helfer fantastisch, Alternativen und Ideen einzuführen (siehe unten). Für den Äußernden sind es meist folgenlose Absichtserklärungen (sprich Wunschdenken).

UNGENAUIGKEITEN UND 'UNSPEZIFISCHE SPRACHE'

Praxisbeispiel

In einer Firma, die u. a. auch Maler überbetrieblich ausbildet, wendet sich der Chef der Einrichtung an den Malermeister. Er hatte für seinen Sohn einen Spielplatzbagger/-greifarm erworben und forderte nun seinen Mitarbeiter auf, diesen zu lackieren. „Mach das bunt!", so seine Aufforderung.

„Gerne", war die Antwort, „mit welchen Farben?"

„Mach ihn einfach bunt."

„Rot, grün oder blau?

„Einfach bunt!"

„Das habe ich verstanden – welche Farben soll ich nehmen?"

„BUHUNT!"

Darauf sagte der Malermeister betreten nichts mehr. Der Chef wandte sich an den ältesten Auszubildenden: „Dimitri, mach das bunt!"

„Natürlich Chef – was für Farben?"

(...)

Der Chef tritt ab.

Es gibt Wörter, die bei genauerer Betrachtung zwar spezifisch klingen, aber im geäußerten Zusammenhang nicht spezifisch sind.

„Das muss ich noch lernen.", „Ich muss noch an mir arbeiten."

Wenn Sie solche Sätze hören, können Sie mit Sicherheit davon ausgehen, dass Ihr Gegenüber nicht das erste Mal jemandem gegenübersitzt, der etwas Bestimmtes hören wollte oder ein bestimmtes Verhalten erwartete. Ihr Gegenüber ist darin geschult, mit Helfern professionell zu interagieren, sprich Leeraussagen zur Beruhigung zu äußern. Veränderungen treten durch solche Äußerungen nur sehr selten ein.

„Ich weiß nicht!", ist ebenfalls eine Aussage, die eigentlich nichts anderes heißt, als *„Lass mich in Ruhe!", „Ich will nicht antworten.", „Das geht mir zu nahe."*

Auch Kollegen im professionellen Umfeld können Dinge äußern, die unspezifisch sind: *„Der Junge muss sich komplett ändern."* oder *„Sie ist auffällig."* Der Kollege selbst weiß vielleicht genau, was er mit *ändern* meint, was er mit *auffällig* meint. Sie ahnen es vielleicht auch – sollten dennoch nachfragen.

Mögliche Fragen

„Was genau muss er anders machen?"

„In welchen Situationen muss er sich anders verhalten?"

„Was würde er tun, wenn er es richtig macht?"

„Was würde ich sehen, wenn er es anders macht?"

„Was meinst du mit auffällig?"
„Was tut sie, wenn sie auffälliges Verhalten zeigt?"
„In welchen Situationen genau ist sie auffällig?"
„Was wäre der erste (kleinste) Schritt auf dem Weg zu 'unauffälligem' Verhalten?"

UNIVERSALQUANTOREN

Wohlgeformtheitskriterium
KEINE UNIVERSALQUANTOREN

Nie und **immer**, **alle anderen** und **niemand** bzw. **keiner** sind Gegensatzpaare wie *groß* und *klein* oder *alt* und *jung*. Doch sie zeichnet etwas Besonderes aus. Bei *groß* und *klein* kann es etwas *Größeres* bzw. etwas *Kleineres* geben. Bei den erstgenannten Wortpaaren ist dies nicht möglich. Sie bilden Extreme ab. Extreme sind allerdings recht selten, vor allem im zwischenmenschlichen Bereich. Äußert nun jemand:

„Nie hört er mir zu."
„Immer ist sie am Meckern."
„Alle nehmen Drogen.", „Jeder nimmt Drogen."
„Niemand mag mich."

so können Sie sicher sein, dass das *so* nicht stimmt. Nie! Sie können solche Aussagen auf wertschätzende Art und Weise hinterfragen.

Mögliche Fragen
„Es gibt also überhaupt keine Themen/Situationen, bei denen er Ihnen zuhört?", „Über was sprechen Sie denn im Alltag?", „Über was sprechen Sie miteinander, wenn sie nicht meckert?"[67], *„Wirklich alle?", „Bist du jeder?"*

---

[67] Hier wird eine sogenannte Präsupposition benutzt. Es wird einfach angenommen, dass es Zeiten gibt, an denen Sie nicht meckert. Sie bezweifeln also nicht einmal die vorgenannte Aussage, Sie arbeiten einfach konstruktiv an der Ausnahme/den Ausnahmen.

„In der Schule gibt es also niemanden, der mit dir in der Pause spricht?"

In dieser Art und Weise können Ausnahmen gefunden werden oder Aussagen relativiert werden. Dies ermöglicht eine größere Bandbreite an möglichen Handlungsweisen (*s.u. Ethischer Imperativ*). Sie müssen diese Ausnahmen nicht auf die oben genannte Art und Weise hinterfragen. Es gibt auch andere Möglichkeiten, mit solchen Aussagen bzw. Einstellungen umzugehen. Grundsätzlich aber sollten Sie solchen Beiträgen keinen Glauben schenken. Sie sind in der angebotenen Form einfach nicht wahr – wenn Sie das Spiel allerdings mitspielen, machen Sie es sich, ihrer Arbeit und ihrem Klienten gegebenenfalls sehr schwer.

KONGRUENZ

Das, was ihr Gegenüber sagt, bedient sich, wie weiter oben erwähnt, verbaler, nonverbaler und paraverbaler Anteile.

Es wird davon ausgegangen, dass die nonverbalen Anteile (also inklusive der paraverbalen Anteile) dabei viel stärker von uns gewertet werden als das Verbale (also der Inhalt des Gesagten). Wie hoch dabei die genaue prozentuale Verteilung ist, darüber mag gestritten werden. Fakt ist aber, dass es viel wichtiger ist, **wie** wir etwas sagen, als **was** wir sagen.[68]

Dazu passt sehr gut das sogenannte Dr.-Fox-Experiment.

---

[68]Früher ging man davon aus, dass 93% der Wirkung einer Rede durch Körpersprache und Stimme erfolgten, aktuell (2006) sind es „nur" noch 78% (59% Körpersprache, 19% paraverbal)
https://docplayer.org/106785494-Welchen-anteil-haben-text-erscheinungsbild-des-redners-betonung-und-gestik-an-der-gesamtwirkung-eines-vortrags.html

Einschub

Das Dr.-Fox-Experiment

Bei diesem Experiment hielt ein smarter Wissenschaftler vor Fachpublikum einen Vortrag mit anschließender Diskussion. Der Vortrag kam gut an und überzeugte das versierte Publikum.

Was das Publikum nicht wusste: Der Vortrag enthielt vorsätzlich eingebaute Fehler und der smarte Wissenschaftler war ein professioneller Schauspieler.

Das Fachpublikum war nicht in der Lage, den Vortrag, durch die kompetente Vortragsausführung, als das zu erkennen, was er war – Unsinn. Der Vortragsstil ist also wichtiger als sein Inhalt.[69]

Da die Klienten im helfenden Bereich in den meisten Fällen keine professionellen Schauspieler sein dürften, ist in der Kommunikation ein Aspekt für Sie besonders wichtig: der Bezug der Körpersprache und der Stimmmodulation zum Inhalt des gesprochenen Wortes.

„Ich höre deine Worte, doch dein Gesicht/dein Körper sagt etwas anderes.",

„Gefällt dir die Krawatte wirklich?" „Ja doch, ganz toll Mutter."

„Finden Sie das lustig?".

Widersprechen sich Körpersprache und geäußerter Inhalt, so ist dies sehr erhellend. Stimmen sie überein, so spricht man von *Kongruenz*. Tun sie es nicht, spricht man von *Inkongruenz*. Die Ausprägung dieser Inkongruenz kann sehr unterschiedlich ausfallen. Dies hat einerseits mit der Wichtigkeit des Themas und andererseits mit dem schauspielerischen Talent zu tun. Häufig ist diese Inkongruenz der Kommunikationskanäle offensichtlich. Bei kleinen Kindern, die noch nicht geübt sind im Schwindeln, fällt diese Inkongruenz schnell auf. Bei Erwachsenen, die geschulter sind in der 'aktiv-kreativen'

---

[69] https://de.wikipedia.org/wiki/Dr.-Fox-Experiment

Kommunikation schon weniger. Wobei diese oftmals nicht einmal die Unwahrheit sagen im Sinne von Lügen, sondern, wie im Beispiel des Weihnachtsgeschenkes (Krawatte), versuchen sozial verträglich zu handeln – und manchmal (bei echt hässlichen Krawatten) ist das wirklich schwierig. Natürlich gibt es Tausende von Gründen, warum der Körper und der verbale Inhalt sich widersprechen. Es wird allgemein davon ausgegangen, dass der Körper dabei der ehrlichere Part ist.[70]

Doch nicht nur Gesicht (Mimik), sondern der ganze Körper kann dem verbal Geäußerten widersprechen. Dies macht sich beim Helfer mit großer beruflicher Erfahrung (der in diesem Falle ja der Empfänger dieser inkongruenten Botschaft ist) in einem 'merkwürdigen' Gefühl kund.[71] Ganz nach dem Motto, irgendetwas stimmt nicht. Je mehr Erfahrung Sie in Gesprächen haben, desto feiner werden Ihre Antennen für Schwingungen, die von Ihrem Gegenüber kommen. Können Sie diesen Gefühlen vertrauen? Ja – allerdings nur, um sich sicher zu sein, dass Sie nachfragen sollten – denn das ist die einzige Methode herauszubekommen, ob Sie Ihr Eindruck trügt oder nicht. Und selbst dann können Sie sich nicht sicher sein – vielleicht will Ihr Gegenüber Ihnen [noch] nicht alles erzählen. Andererseits sind viele

---

[70]Über unser aller Gesichter huschen für Bruchteile von Sekunden sogenannte Mikroexpressionen. Sie zeigen sehr kurz, welche der sieben universellen Emotionen *Ekel, Ärger, Angst, Traurigkeit, Freude, Überraschung* und *Verachtung* uns gerade (wirklich) durch den Kopf gehen. Der Ausdruck für diese Emotionen ist auf der ganzen Welt gleich. Für Menschen ist es fast nicht möglich, diese zu unterdrücken, da diese Reaktion zum einen angeboren und zum anderen meist unbewusst ist. Allerdings sind diese Expressionen so kurz, dass 99,9 % aller Menschen diese nicht bewusst bemerken. Gestik und Teile der Mimik sind hingegen zu großen Teilen kulturell bedingt und somit erlernt – was aber nicht heißt, dass sie uns bewusst sind. Spione verraten sich häufig aufgrund der nicht-bewussten Nutzung von kulturell erlernter Körpersprache. Eilert, D. (2013). Mimikresonanz: Gefühle sehen. Menschen verstehen. Paderborn: Junfermann Verlag
[71] Spitzer, M. (2006). Nervenkitzel: Neue Geschichten vom Gehirn. Frankfurt a. M.: Suhrkamp Verlag. Kapitel: Verdacht auf Psyche S.223

Menschen froh, wenn Sie (interessiert) nachfragen und sie ihr Erzähltes präzisieren oder korrigieren können. Gegebenenfalls müssen Sie dieses Angebot mehrmals machen.

Lösungsorientiert – hin zum Ziel

DIE EINE Frage der Lösungsorientierten Beratung ist die sogenannte *„Wunderfrage"*, die von Steve de Shazer und Insoo Kim Berg entwickelt wurde.

Einschub

Die Wunder-Frage / *Miracle Question*
„Stellen Sie sich vor, dass heute Nacht, während sie schlafen, ein Wunder geschieht. Das Wunder ist, dass das Problem, das Sie heute hierher geführt hat, gelöst ist, wie durch einen Fingerschnipp. Sie wissen aber nicht, dass es gelöst ist, weil Sie ja schlafen. Was werde Sie morgen früh bemerken, was Ihnen sagt, dass ein Wunder geschehen ist?" … *„Was werden Sie noch bemerken?"* … *„Was noch ...?"*[72]

Allein auf dieser Frage (ihre Vorbereitung, das Finden des richtigen Zeitpunktes, die therapeutische Nutzung) ist eine ganze Therapierichtung (die *Lösungsorientierte Beratung*) aufgebaut. Doch für unseren Zusammenhang sind diese Frage, ihre Voraussetzungen und ihre Durchführung zu komplex. Sie sollte hier nur als Einführung genannt und auf eine für unseren Zweck nützliche Frage überleiten.

Natürlich haben Sie als Helfer einen Auftrag zu erledigen. Ihre Institution, bei der Sie angestellt sind, bietet Dienstleistungen, weswegen die Kunden ja gerade zu Ihnen kommen (oder geschickt

---

[72] De Jong, P., & Berg, I. K. (2014). Lösungen (er-)finden (7. Ausg.). Dortmund: verlag modernes lernen

werden). Es scheint also allen klar zu sein, weswegen man zusammensitzt oder zusammensitzen muss.

Wenn Sie allerdings einfach von dieser Voraussetzung ausgehen, könnte es sein, dass Sie Schwierigkeiten mit Ihren Kunden oder ihrem Auftrag bekommen. Oder, dass Sie merkwürdigerweise nur sehr zögerlich, wenn überhaupt vorankommen. Es scheint Ihnen so, als sei das Problem oder ihr Kunde widerwillig oder einfach „zäh".

Der Grund dafür könnte sein, dass Ihr Klient von gänzlich anderen Zielvoraussetzungen ausgeht als Sie. Das, was man über Sie und Ihre Einrichtung behauptet, Gerüchte über Sie, Mitteilungen in den verschiedenen Medien etc. Und Sie können nicht erfüllen, von dem Sie nichts wissen.

„Was muss passieren, damit Sie hier rausgehen und sagen 'Das war ein gutes/erfolgreiches Gespräch!'?"

Ihr Klient wird nun im besten Falle antworten, was er tun wird, welche Entscheidungen getroffen wurden (in einer fiktiven Zukunft), was er von Ihnen erwartet und wie er seiner gewünschten Lösung näherkommt. Ob Sie dies erfüllen können, wollen und sollten, steht auf einem anderen Blatt.

Auch hier greifen die o.g. Wohlgeformtheitskriterien. Nun allerdings weniger auf die Tiefenstruktur bezogen (reine Sprache), sondern mehr mit Schwerpunkt auf Ziele und Lösungen.[73]

SELBSTINITIIERBARKEIT

„Es wäre ein gutes Gespräch …

…wenn Sie dafür sorgen, dass mich das Arbeitsamt/Jugendamt in Ruhe lässt."

…wenn die anderen mich mögen."

Wohlgeformtheitskriterium
IM EIGENEN
EINFLUSSBEREICH

---

[73] Wobei das eine natürlich nie vom anderen zu trennen ist.

Um den Punkt, um den es hier geht, ein wenig deutlicher zu präsentieren, ein Wink mit dem Zaunpfahl:

...wenn Sie dafür sorgen, dass morgen an meinem Geburtstag gutes Wetter ist."

Werden Ziele geäußert, die nicht unter dem direkten Einfluss des Klienten liegen, er sie also nicht selbst initiieren und aufrechterhalten kann, wird es schwierig. Wenn er sich von äußeren Faktoren abhängig macht, so schränkt er sich ein und macht sich sozusagen selbst handlungsunfähig.

Statt eines *„Ich will, dass meine Frau mich liebt.",* wäre es vielleicht besser zu sagen: *„Ich will mich so verändern/handeln, dass die Chancen steigen, dass sich meine Frau wieder in mich verliebt."*

Mögliche Fragen
„Woran würden Sie merken, dass Ihre Frau Sie liebt?"
„Woran würden Sie merken, dass Sie auf dem richtigen Weg sind?"
„Was würden Sie anders tun als bisher, wenn Sie wüssten, dass Ihnen Ihre Frau wieder zugetan ist?"

REALISTISCHE ZIELE

Wohlgeformtheitskriterium
REALISTISCH

Auf die Frage des Helfers, welchen Beruf er denn erlernen möchte, antwortet ein junger Mensch: *„Ich möchte Chef werden!"*
Sagt Ihnen dies ein BWL-Student im höheren Semester, ist dies etwas anderes als ein Schulabbrecher ohne Schulabschluss. Neben der Selbstinitiierbarkeit ist *„realistisch"* ein nicht zu unterschätzendes Kriterium.

Mögliche Fragen
Da das Ziel 'Chef sein' als recht vage und unspezifisch bezeichnet werden kann, kann hier nachgehakt werden:
„Was heißt den für dich 'Chef sein'?"
„In welchem Bereich möchtest du Chef sein?"

94

„Würde es dir genügen Chef einer Kolonne Kanalarbeiter zu sein? ...
Nein? ...Sondern?"

ATTRAKTIVITÄT UND ZIELPHYSIOLOGIE

„Meine Frau will, dass ich zu Ihnen komme, ich
soll von den Drogen wegkommen."
„Ich soll mit Ihnen eine Hilfe zur Erziehung
beantragen."

> Wohlgeformtheitskriterium
> **ZIELPHYSIOLOGIE**

Hier sollten Sie auf das Kriterium der Kongruenz achten. Denn wessen
Wünsche sind die geäußerten?

Im ersten Falle der des Ehepaares oder mehr der der Frau? Im
zweiten Fall könnten Sie im Falle von Inkongruenzen (zu Recht) auf
die Idee kommen, dass jemand Druck auf die Person ausübt, um sie
zu diesem Schritt zu überreden. Sie selbst steht aber gegebenenfalls
nicht dahinter. Das jeweils geäußerte Ziel ist
nicht *„attraktiv"* oder erstrebenswert für diese
Person. Was damit erreicht werden soll (wieder

> Wohlgeformtheitskriterium
> **ATTRAKTIV**

ein guter Umgang mit dem Kind) vielleicht noch - der Weg dorthin (in
diesem Falle über das Jugendamt) jedoch nicht.

Mögliche Fragen
„Jetzt weiß ich, was Ihre Frau möchte – und was möchten Sie?"
„Wie stehen Sie zu dem, was Ihre Frau möchte?"

„Wer sagt denn, dass Sie Hilfe brauchen?"
„Was wäre anders, wenn Sie Hilfen erhielten?"
„Wer wäre froh, wenn Sie Hilfen annähmen?"
„Wenn die Hilfe erfolgreich war/ist, was ist dann anders? Was tun Sie
anders? Was macht Ihr Kind anders?"

RESSOURCEN

> „Ich höre mit dem Kiffen einfach auf, wenn ich will. Ist nur eine Sache des Wollens."
>
> „Ich jobbe und mache meinen Schulabschluss abends an der Abendschule."

Wohlgeformtheitskriterium
ALLE RESSOURCEN VORHANDEN

Viele Klienten haben wenig Selbstvertrauen und andere dagegen überschätzen sich und ihre Fähigkeiten und Möglichkeiten. Sie schätzen dabei die Schwierigkeiten, die auf dem Weg zum Ziel liegen falsch ein.

So wie Ziele eigeninitiativ erreicht werden sollen, also zu wesentlichen Teilen durch das eigene Tun determiniert sind, so müssen auch die Ressourcen, ob materieller, sozialer und mentaler Art, überhaupt erst verfügbar sein. Im oben genannten Beispiel haben erfahrungsgemäß die meisten nicht die Kraft, alleine und ohne fremde Hilfe mit einer Sucht aufzuhören. Und selbst wenn ich alle formalen Voraussetzungen für die Abendschule habe und auch genug Willenskraft und Engagement - wenn ich keinen Babysitter für mein kleines Kind habe, wird es schwierig.

KONTEXT

Wohlgeformtheitskriterium
KONTEXTUALISIERT ÖKOLOGISCH

Neben der Frage der Ressourcen ist es wichtig, bei den geäußerten Zielen die „Nebenwirkungen" miteinzubeziehen oder mitzubedenken. Also das neue Verhalten in einem größeren Kontext zu sehen und zu schauen, ob die Wechselbeziehungen (die Ökologie) überwiegend positiv oder negativ sind.

Mögliche Fragen

„Was würden denn deine Kumpels sagen, wenn du nicht mehr mitkiffst?"

„Was würdest du stattdessen tun?"

„Zu welchen Situationen hast du denn gekifft? Was hat es dir gegeben? Das hat du dann ja nicht mehr ... Was kannst du stattdessen tun, um es zu erreichen?"

„Was für Schwierigkeiten könnten (rein theoretisch) auftauchen, wenn du von heute auf morgen aufhörst? ...Aha...was noch?...was noch? Wie gehst du mit X (Schwierigkeit 1) um? Wie gehst du mit Y (Schwierigkeit 2) um? Was ist dein Plan B? Wer kann dir dabei helfen?"

CHUNKGRÖßE

„Ich will Arzt werden."

Hohe Ziele darf und soll man haben. Neben **Wohlgeformtheitskriterium GRÖSSE DES SCHRITTES** einem gewissen Maß an Realismus (s.o.) sollte allerdings zusätzlich die Schrittgröße dem zu absolvierenden Weg angepasst sein.

Sagt dies ein Studienabbrecher? Ein Abiturient? Ein Mensch mit Mittlerem Bildungsabschluss oder abgeschlossener Ausbildung?

Das Ziel ist gut und hehr. Der nächste, also der erste Schritt auf diesem Weg, ist dennoch der wichtigste. Ziele müssen zergliedert und heruntergebrochen werden. Und genau diese Aufgabe ist mit Aufgabe des Helfers. Sind die Schritte zu klein, kommt der Klient sich bevormundet vor oder ist nicht motiviert.

Sind sie zu groß, hat er Schwierigkeiten, seine Energien zu bündeln, verzettelt sich in Nebensächlichkeiten oder ist schlichtweg überfordert. Trotzdem dabei wichtig: Was ist der erste konkrete Schritt zu diesem Ziel?

Mögliche Fragen

„Was ist konkret der erste Schritt, den du dazu tun kannst?"

„Woran würde jemand anders merken, dass du es ernst meinst?"

„Wann machst du diesen Schritt?"

„Wann meldest du dich an?"

Wohlgeformtheitskriterium TERMINIERT

KONKRET

Um noch einmal auf die eingangs erwähnte Wunderfrage zu kommen. Genau diese Frage wurde einem Jugendlichen gestellt. Obgleich er gute Voraussetzungen mitbrachte, wusste er überhaupt nicht, wohin er sich beruflich entwickeln sollte. Er tat daher – gar nichts.

Er kam in die Beratung, da er wegen dieses Nicht-Tuns dauernd mit der Familie in Streit geriet. Die Wunderfrage (s. o.), richtig gestellt, hat dann nicht die Antwort: *„Dann wäre ich endlich glücklich!"* zur Folge, sondern konkrete Handlungen:

> **Wohlgeformtheitskriterium**
> **SINNSPEZIFISCH KONKRET**

„Ich würde selbst aufstehen, in die Küche gehen und frühstücken und dabei meine Mutter nicht mehr angauzen [beleidigen]."

„Sondern?"

„Ich würde sagen 'Guten Morgen Mama'!"

„Und wie würde die reagieren?"

„Erleichtert, dass sie mich nicht aus dem Bett schmeißen muss und sie würde sich freuen, dass ich sie begrüßt habe." usw.

Konkrete Handlungen wären die Folge, die die oben genannten Wohlgeformtheits-Kriterien erfüllen. Sollten sie dies (noch) nicht tun – fragen Sie einfach so lange nach, bis sie es tun.

Diese geäußerten Handlungen sollen in einem räumlichen (in der Küche), zeitlichen (am Morgen) und sozialen Kontext (mit der Mama) stehen.

Genau dies ist das Ziel aller Fragen, die Sie zum Spezifizieren stellen. Kein Philosophieren mit unspezifischen Ausdrücken (*Glücklich sein*), sondern konkrete vorstellbare Handlungen, die mit hoher Wahrscheinlichkeit einmal im Repertoire des Klienten vorhanden waren (und damit noch sind) – der Klient muss sich nur daran erinnern und das Verhalten aus seinem Dornröschenschlaf wecken.

Konjunktiv

Angenommen, Sie müssten bei Ihrem Klienten ein heikles Thema ansprechen, welches vielleicht als peinlich, verletzend, beschämend oder abwertend empfunden werden könnte. Wie würden Sie dieses Thema ansprechen?

Genau so!

Eine der wunderbarsten Erfindungen des Menschseins ist der Konjunktiv.

Alle Säugetiere spielen und tun so „als ob". So ahmen beispielsweise Schimpansenjunge die Bewegungen der Erwachsenen nach und tun so, als knackten sie Nüsse wie die erwachsenen Tiere. Sie nutzen dabei etwas, was als Amboss und etwas, was als Hammer dient.[74]

Oder die Jungen von jagenden Säugetieren, die mit ihren Geschwistern spielen „als ob" sie Jäger und Opfer seien und somit das Jagen, Anschleichen und auch das Töten üben.

Doch nur der Mensch kann mit der gesprochenen Sprache Ideen und Möglichkeitsräume bei anderen in deren Köpfen platzieren.

„Wie würde eine Welt aussehen, in der der Himmel rosa und voller fliegender Badewannen wäre, wo Karpfen von Wanne zu Wanne sprängen." Was für ein Bild. Und so sinnlos dieses Bild ist, man könnte damit weiterarbeiten, denn jetzt haben Sie es im Kopf.

Kinder, die spielen, nutzen tatsächlich den Konjunktiv, um zu Anfang die Situation des Spieles festzulegen. *„… wir wären auf dem Meer Piraten", „Ja, und wir würden unserem vergrabenen Schatz suchen", „…und dann würde ich das so und so machen …"*

Erst wenn diese gemeinsame Basis geschaffen ist, wird in den Indikativ gewechselt und aktiv weitergespielt. Neue Ideen, die in

---

[74] Ausschließlich eine einzige Schimpansenpopulation (im Taï-Nationalpark an der Elfenbeinküsste) tut dies. Der eigentliche Lernprozess dauert allerdings Jahre.

dieses Spiel eingeführt werden, dann wieder im Konjunktiv. Somit wird allen Beteiligten mitgeteilt: *„Ich bringe eine neue Idee ein."*

Der Konjunktiv ist die Möglichkeit, fast jede Idee bei Ihrem Gegenüber elegant unterzubringen.
„Angenommen, ich würde Sie jetzt fragen, ob Sie …!" und nun können Sie fast jedes Thema ansprechen, das für Ihre Arbeit wichtig ist. Ihr Gegenüber wird auch bei emotional geladenen Themen schwächer reagieren, als würden sie es direkt ansprechen.
„Angenommen, ihr Kind hätte mir erzählt, dass Sie es schlagen…" oder *„Angenommen, Sie würden ihr Kind geschlagen haben, was sollten wir tun?"* wird wahrscheinlich eine Reaktion hervorrufen. Allerdings klingt dieser Satz ganz anders, als wenn Sie gleich fragen: *„Schlagen Sie ihr Kind?"*.
Je nachdem, wie ihr Gegenüber reagiert, können Sie ja noch zurückrudern – es war ja nur ein Gedankenexperiment, eine Möglichkeit, die Sie ansprechen wollten oder mussten.

Ein *„Stellen Sie sich vor, ich hätte den Eindruck, dass Sie heute Morgen Drogen genommen hätten, wie sollte ich Ihrer Meinung nach reagieren? Sollte ich das bei Ihnen ansprechen oder nicht?"* wird andere Ergebnisse zeitigen, als *„Stehen Sie gerade unter Drogen?"*

Der Konjunktiv kann aber nicht nur dazu genutzt werden, um Informationen der Vergangenheit zu sammeln. Sie können ihn auch nutzen, um Verhalten zu induzieren.
Fragen allgemein können auffordernden Charakter haben. *„Können Sie das Fenster öffnen?"* könnte als geschlossen Frage verstanden werden, die mit einem 'Ja', einem 'Nein' oder einem 'Weiß nicht' beantwortet werden kann. Wird es aber meist nicht – es wird verstanden als Aufforderung – der andere wird wahrscheinlich das Fester öffnen.

Stellen Sie nun im Konjunktiv die Frage: *„Was müsste passieren, damit Sie Hilfen annehmen?"*, *„Was könnte ich tun, damit Sie …?"* So ist dies eine lösungsorientierte Frage, die einen versteckten

Aufforderungscharakter hat. Sie wird sehr viel weniger invasiv empfunden als die Aufforderung „Nehmen Sie (endlich) Hilfe an!"

Zirkularität mit Konjunktiv

Helfer müssen oftmals auch mögliche Fehlverhalten des Gegenübers ansprechen, um Dinge zu klären, offen zu legen, zu beenden oder sonst wie in andere Bahnen zu lenken. Wie wir schon gesehen haben, ist da die Frage „Warum hast du das gemacht?" nicht wirklich zielführend. Der Gefragte sieht sich so im Rechtfertigungszwang. Vielleicht weiß er, dass er etwas Falsches oder etwas Verbotenes gemacht hat, hat aber kein Unrechtsbewusstsein oder er sieht sich vollständig im Recht.

Statt also direkt nach einem 'Warum' zu fragen, hat sich hier das sogenannte *zirkuläre Fragen* als elegante Methode bewährt.

„Was würde mir denn dein Klassenlehrer sagen, weswegen du aus der Klasse geflogen bist? [...] Und deine Klassenkameraden?".[75]

Es wird danach gefragt, was ein anderer (Beteiligter) nach Meinung des Gefragten antworten würde.

Antwortet er im Indikativ: *„Ich bin rausgeflogen, weil..."* ist dies eine Art Schuldeingeständnis. Dagegen (im Konjunktiv und in der Dritten Person) zu sagen *„Er würde sagen, dass ich rausgeflogen bin, weil ..."* hat eine komplett andere Konnotation. Es schwächt für Ihr Gegenüber das Schamhaft-Besetzte, Peinliche oder Lästige ab. Es ist ja nur das, was der *andere* sagen *würde*. Sie aber erhalten durch diesen Perspektivwechsel die Informationen, die Sie haben wollten (und die immer schon vorhanden waren).

---

[75] Streng genommen ist dies auch eine Warum-Frage (weswegen) – führt allerdings, wie oben gesehen, zu anderen Ergebnissen. Zirkuläres Fragen umfasst in der Systemischen Therapie und Beratung einiges mehr. Hier soll das oben genannte genügen.

Praxisbeispiel Konjunktiv

An einer berufsvorbereitenden Maßnahme nahm ein sehr einfach strukturierter Teilnehmer teil. Seine Eltern, beide Akademiker, lehnten jegliche Diskussion über eine mögliche geistige Einschränkung ihres Sohnes ab. Sie hatten sogar über den langjährigen Besuch einer anthroposophischen Einrichtung erreicht, dass ihr Sohn in den Besitz eines Mittleren Bildungsabschlusses gekommen war. Wie sollte er da geistig eingeschränkt sein?

Zu diesem Zeitpunkt des Lehrgangs waren allerdings die pädagogischen und therapeutischen Möglichkeiten, den jungen Mann mit normalen Mitteln zu fördern, ausgeschöpft. Die Mitarbeiter der Maßnahme und der Agentur für Arbeit befürworteten dringend eine Testung des Teilnehmers durch den Psychologischen Dienst der Agentur für Arbeit. Es konnte davon ausgegangen werden, dass der junge Mann dadurch Reha-Status erhalten würde. Somit bestünde die Möglichkeit, ihn in einer Folgemaßnahme adäquater und länger fördern zu können, beispielsweise in einer überbetrieblichen (betreuten) Ausbildung. Dieser Testung aber müssten beide Eltern zustimmen.

Versuche vonseiten des Trägers als auch der Arbeitsagentur, die Eltern von der Notwendigkeit einer solchen Testung zu überzeugen, wurden von diesen vehement und wiederholt abgelehnt. Sie bestanden stattdessen auf die Vermittlung in eine Ausbildung auf dem ersten Ausbildungsmarkt (vorzugsweise als Goldschmied oder ähnlich bodenständigen Sachen) und warfen dem Träger vor, nicht genug für ihren Sohn zu tun.

Die Lösung war dann schlussendlich sehr einfach. Nachdem sich die Mitarbeiter und die Eltern zum wiederholten Male telefonisch wenig konstruktiv austauschten und die Unterhaltung wieder festzufahren drohte, wurde durch den hinzu gerufenen Kommunikator folgende Frage an den Vater gestellt:

"Herr M. ... angenommen, nur einmal angenommen, wir hätten recht mit der Einschätzung Ihres Sohnes [...PAUSE] Was würden Sie Ihrem Sohn antun, ... was würden Sie ihm vorenthalten, wenn Sie ihm nicht die Chance gäben, diesen Test zu machen? [...PAUSE] "
Diese Pause am anderen Ende der Leitung war sehr lang. Der Vater verabschiedete sich kurz angebunden und legte auf.
Am Folgetag informierte die Agentur für Arbeit, dass die Eltern der Testung 'auf Anraten der Maßnahme' hin zugestimmt hätten.[76]

---

[76] (Chill, 2017)

ERZÄHLEN LASSEN UND VISUALISIEREN

Wir haben uns schon mit *Ankoppeln* und mit *Motivation* beschäftigt. Wie Sie vielleicht bemerkt haben, lassen sich die einzelnen Punkte nie klar voneinander trennen. Ankoppeln motiviert, Motivieren hat Ankoppeln zur Folge.

Weisheit

Was sagt der Zen-Meister im Sandwichladen?
„Eins mit allem!"

Fassen wir den Rahmen ein wenig weiter.

Stellen Sie sich vor, Sie sind auf einer Party und versuchen sich in Small Talk.

Nun soll es Menschen geben, die damit Probleme haben. Sie überlegen sich, was sie tun und was sie sagen sollen. Überlegen sich, wie sie, wenn sie dies oder jenes tun, auf andere wirken.

Dabei ist es genau umgekehrt. Wenn Sie gut wirken wollen, lassen Sie Ihr Gegenüber gut aussehen und sich gut fühlen. Und wann fühlen wir uns gut? Das hatten wir schon: wenn wir uns wahrgenommen fühlen.

Lassen Sie ihr Gegenüber erzählen,
zeigen Sie sich interessiert,
stellen Sie offene Fragen.
Tun Sie so, als hätten Sie kein Ego.

Was meine ich damit? Wenn ihr Gegenüber etwas erzählt, bringen Sie keine bessere Geschichte oder ähnliche Ereignisse zum Besten. Finden Sie kein Gegenbeispiel und vor allem korrigieren Sie ihr Gegenüber nicht. Manche Ratgeber für Small Talk behaupten das

Geben und Nehmen in einem solchen Gespräch sollte 'ausgeglichen' (also 50 : 50) sein. Sind Sie ein Small Talker, der auch Spaß an Konversation hat, dann stimmt dies – es sollte ausgeglichen sein. Gehen wir allerdings fiktiv davon aus, dass Sie einerseits Schwierigkeiten mit eben dieser Art an lockerer Plauderei haben und andererseits gefallen möchten, dann sollte der Redeanteil Ihres Gegenübers deutlich mehr als 50 % betragen. Und dies müssen Sie initiieren, was so viel heißt, dass Sie Ihr Gegenüber dazu animieren müssen.

Ihr Ziel sollte sein, dass Ihr Gegenüber *erheblich* mehr spricht als Sie selbst. Wenn Ihnen dieses Kunststück gelingt, kann man Ihrem Gegenüber im Anschluss zwei Fragen stellen:

Die erste Frage, ob es ein gutes Gespräch war, werden die meisten dann bejahen mit: *„Wir (!) hatten ein gutes Gespräch. "* Ihr Gegenüber hat ja über das gesprochen, was ihn am meisten interessiert: über sich und das, was er tut und denkt.

Die zweite Frage ist aber die interessantere für uns: Wenn man Ihr Gegenüber fragt, wie hoch der jeweilige Redeanteil gewesen ist, werden die meisten mit absoluter Überzeugung sagen, dass das Gespräch ausgeglichen, also der jeweilige Redeanteil 50 % ausmachte. Selbst wenn Sie als Kommunikator (fast) nichts von sich preisgegeben haben, ist ihr Gegenüber davon überzeugt, dass Sie gleich viel zum Gespräch beitrugen wie er.

Weisheit

„Die Kunst guter Konversation besteht darin, Unsicheren Sicherheit zu geben."

Charles II., The Merry Monarch

Was daran ist für unser Thema wichtig? Wenn Sie diese Art des Gedankenaustausches machen möchten, müssen Sie im eigentlichen

Sinne nichts tun. Bis auf - Sie erinnern sich? - echtes Interesse zu zeigen!

Sie können diese Gespräche steuern, indem Sie aktiv nach dem fragen, was Sie interessiert und was im Gegenzug bei Ihrem Gegenüber wahrscheinlich gute Gefühle auslöst. Auch wenn es einfach und sicher erscheint: Lästern, Nölen und sich in irgendetwas hineinzusteigern ist dabei kontraproduktiv – und genau das können Sie durch die richtigen Fragen steuern bzw. verhindern.

Small Talk an sich ist also an sich eine gute Übung.

Für unseren Zusammenhang einer professionellen Gesprächsführung ist es wichtig, ...

> ...dass auch Sie ihr Gegenüber sprechen lassen,
> ...dass das Negative nicht zum Selbstläufer wird und
> ...dass Sie diesen Gesprächen Struktur geben.[77]

Wie kann dies gelingen?

Viele Helfer arbeiten in Institutionen und Projekten, in der notwendigerweise Informationen erhoben werden *müssen*. Meist anhand von Fragebögen oder besser ganzen Fragekatalogen. Dies ist in Teilen notwendig und wichtig. Hier nun aber eine Frage nach der anderen herunter zu rattern, ist für die persönliche Beziehung definitiv nicht zuträglich. Nach dem Motto *„Erst die Arbeit, dann das Vergnügen", „Erst die Fragen, dann die Beziehung"* glauben manche Helfer, erst einmal alle Fragen abarbeiten zu müssen, um dann die „wirkliche" Arbeit mit dem Klienten zu beginnen. Das ist natürlich eine Möglichkeit, allerdings nicht die beste. Denn auf diese Art und Weise vertun Sie die Chance schon von Beginn an *„anzukoppeln"*.

Viele Informationen (auch die der Fragebögen) erhalten Sie ganz einfach, wenn Sie Ihre Gegenüber erzählen lassen (oder dazu

---

[77] es ist ja nun mal KEIN Small Talk

animieren) und dabei diese Informationen notieren. Fehlende Teile können Sie später erfragen.

Leider ist hier Zeit ein Faktor, den viele Helfer strukturbedingt nicht haben. Und daher wird meist nur abgearbeitet bzw. abgefragt.

Visualisieren

Sollten Sie den Luxus also die Zeit haben, auf andere Art und Weise Informationen zu erfragen (die für Ihre Arbeit vielleicht wichtiger sind als statistische Angaben), so können Sie das Hilfsmittel der Visualisierung nutzen. Sie müssen dafür nicht einmal zeichnen können oder teure Materialien anschaffen.

Menschen sind mit der unglaublichen Fähigkeit geboren, in abstrakten Formen Objekte und Konturen zu sehen - vorzugsweise Gesichter. Ein gutes Beispiel dafür sind Wolkenformationen oder sonstigen unregelmäßigen Struktur wie Baumrinden, in denen man alles Mögliche sehen oder besser 'hineininterpretieren' kann. Wir 'sehen' diese Muster automatisch, ob wir es wollen oder nicht.

Auf der anderen Seite sind wir in der Lage, komplexe Strukturen (beispielsweise eine reale Landschaft) in unserem Geist so umzustrukturieren und zu vereinfachen, dass wir eine mehr oder minder nützliche Landkarte zeichnen können. Piratenschatzkarten von Kindern sind ein gutes Beispiel dafür.

Mittlerweile gibt es auch Belege dafür, dass wir nicht nur topografische Karten in unserem Kopf abbilden (um uns in der realen Welt zurechtzufinden), sondern dass wir auch unsere sozialen Beziehungsgeflechte auf einer Mentalen Landkarte (oder besser einem mentalen Koordinatensystem) verorten. [78]

---

[78]https://www.deutschlandfunkkultur.de/mentale-landkarten-wie-das-gehirn-unsere-sozialen-100.html

Um dies zu verdeutlichen: Unsere Sprache verrät es schon immer, jemand steht *über* (oder *unter*) mir, jemand ist mir *nah*. Ich will die soziale Leiter *hinauf*klettern, ich schaue auf jemand *herab*, der *kommt* nicht an mich *ran*. Die Achsen dieses Koordinatensystems bilden dabei (u. a.) einerseits die Soziale Nähe und andererseits die hierarchische Position im sozialen Gefüge (*Macht*).

Wie können Sie all das nutzen?

Manche Klienten kommen mit einem Wust an Problemen. Die schiere Menge, Komplexität und Verwobenheit dieser Probleme überfordert sie und auch den Helfer. Wo beginnen? Wie beginnen? Jedes Mal, wenn Sie einen Vorschlag machen, die Dinge anzugehen, hören Sie ein *„Ja, aber ..."* oder andere Begründungen, warum gerade dieser (erste) Schritt nicht funktionieren kann oder warum etwas anderes gerade wichtiger ist.

Sie finden einfach keinen gemeinsamen Hebelpunkt – wenn Sie lediglich Worte nutzen.

Beginnen Sie einfach jegliche Baustellen, die der Klient nennt, mit einem Schlagwort auf ein Papier zu bringen. Wichtig dabei: nicht in Form einer Liste, sondern verteilt über ein Blatt Papier. Jedes Mal, wenn Ihr Gegenüber eine neue Front aufmachen will, schreiben Sie diese auf das Blatt (oder erkennen, dass sie zu einem schon aufgeschriebenen Punkt gehören). Danach können Sie diese Begriffe ordnen (was gehört zu welchem Punkt) und ggf. hierarchisieren. Doch auch hier empfehle ich, dies nicht in Form einer Liste zu tun, sondern dies mit verschiedenen Farben, größeren oder kleineren Kreisen um die Wörter, Dicke des Striches um oder unter den Wörtern zu tun.

Alternativ können Sie jedes Schlagwort auch auf einzelne Karteikarten schreiben. Für jedes angebotene Problem eine neue Karteikarte. Fallen keine weiteren Begriffe mehr, können sie nun die einzelnen Karten auf einer Fläche so arrangieren, dass sich eine grobe Ordnung ergibt. Vielleicht in der Mitte sogar ein zentraler Begriff, um den die anderen in ihrem jeweilig zu bestimmenden Abstand räumlich aufgeführt oder gelegt werden.

In beiden Fällen entsteht (auf dem Blatt oder auf der Fläche) eine *„Landschaft"*. Diese hat unmittelbar ordnende Wirkung. Sowohl für den Helfer als auch den Klienten. Alle folgenden Begriffe, die noch genannt werden oder hinzugefügt werden sollen, können in diese Landschaft eingefügt werden. Dieses Bild wird sozusagen zu einer Metapher, mit der gearbeitet werden kann.[79]

Ein Bild wie dieses wird Ihnen nichts sagen – da Ihnen der Kontext fehlt. Schauen wir uns an, wie es entstand.

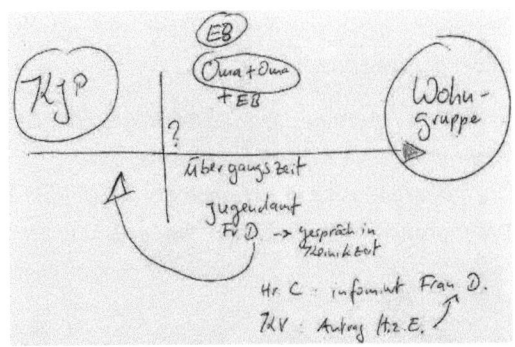

Praxisbeispiel

Die Jugendliche N. war schon einige Zeit in der Kinder- und Jugendpsychiatrie (KJP). Die Entlassung stand an, allerdings gab es noch kein konkretes Datum. Da es weiter Schwierigkeiten an den Wochenenden im Zusammenleben mit den Eltern gab, sollte ein gemeinsames Gespräch in der KJP mit den Beteiligten stattfinden, um das weitere Vorgehen und die Zukunft zu planen. Anwesend waren

---

[79] Es heißt, wenn wir nur darüber reden bleiben 20 % haften, beim Hören und Sehen sind es 50 %, wenn wir es „erarbeiten" 70-90 %. Auch dies hat ordnende Wirkung. In Hofmann, E., & Löhle, M. (2004). Erfolgreich Lernen, Effiziente Lern- und Arbeitsstrategien für Schule, Studium und Beruf. Göttingen: Hogrefe

der Kindesvater (KV), der Erziehungsbeistand (EB), die Jugendliche N., die Therapeutin und der Sozialarbeiter der Station.

Das Gespräch gestaltete sich schwierig, da der KV wiederholt über die Vergangenheit sprechen wollte, es aber eigentlich um das Beenden des Klinikaufenthaltes und der Anschlussmaßnahmen gehen sollte.

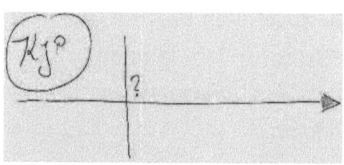

Der Sozialarbeiter malte für sich und ggf. für den späteren Gebrauch den Ist-Zustand (KJP) auf einen Zeitstrahl und ein unbekanntes Ende.

Es stellt sich heraus, dass alle Beteiligten der Meinung sind, dass eine Wohngruppe die beste Lösung wäre.

Doch übergangslos direkt nach der Klinik über die Jugendhilfe einen Wohngruppenplatz zu finden, war eher unwahrscheinlich.

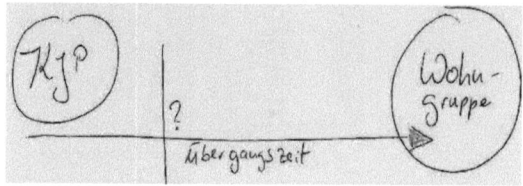

Es mussten also Alternativen für eine Übergangszeit gefunden werden. Der Vater schnitt allerdings immer wieder vergangene Ereignisse an, so dass das Gespräch nicht konstruktiv war. Der EB, der dem Sozialarbeiter beim Zeichnen zusah, bat um das Bild und zeigte es dem Vater und verdeutlichte die Problematik mit der Übergangszeit.

Der Vater schlug vor, den Status Quo in der Familie beizubehalten mit Unterstützung durch den EB. Dies lehnte die Jugendliche allerdings ab. Als Möglichkeit

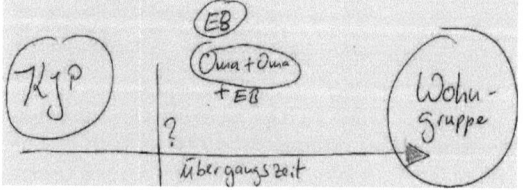

wurden dann ein Aufenthalt bei den Großeltern ggf. mit Unterstützung durch den EB ins Spiel gebracht.
Da Zeit ein kostbares Gut ist, mussten nun konkrete Schritte geplant werden.

Wer sollte wann was machen? Es wurde vereinbart, dass der EB Herr C. die zuständige Mitarbeiterin des Jugendamtes Fr. D. kontaktieren

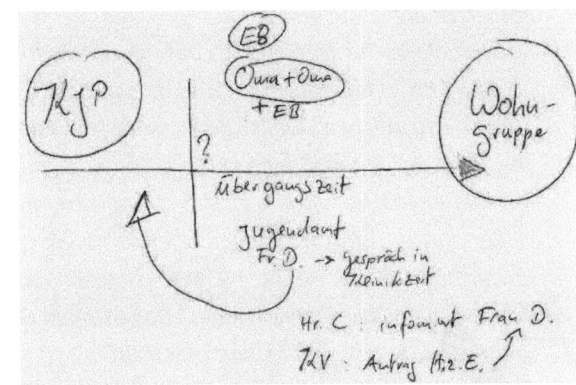

und informieren würde. Der Vater würde bei Frau D. einen Antrag auf Hilfen zur Erziehung (H.z.E.) stellen und die Jugendliche sollte noch vor der Entlassung mit Fr. D. sprechen. Nachdem die einzelnen Schritte drei Mal wiederholt wurden, bestätigte der Vater nachdenklich: „Das ist ein guter Plan!"

Der Wechsel für den Vater von Vergangenheitsorientierung hin zu Lösungsorientierung, war der Augenblick als der Erziehungsbeistand ihm diese wirklich sehr einfache Zeichnung zeigte. Sie diente auch dazu, ihn immer wieder auf diesen zukunftsorientierten Weg zu führen.

Diese Fähigkeit des Menschen, sein Innerstes symbolisch und 'kartografisch' darzustellen und dann damit zu arbeiten, ist faszinierend. Es ist, als entwickelten diese Bilder ein Eigenleben.

Praxisbeispiel

Ein Jugendlicher fiel immer damit auf, dass er fast zwanghaft das letzte Wort haben musste und bei Beleidigungen immer noch eins

111

„drauflegen" musste. Dieses Verhalten verschaffte ihm wenig Freunde, dafür aber viele Probleme.
Er hatte das Gefühl, keine Wahl zu haben, es sei so unmöglich wie ein Niesen zu unterdrücken.
Der Sozialarbeiter forderte ihn auf, ihm beizubringen, wie man zum „Großmund" werden könne (so sein Ausdruck).
Zum Verdeutlichen eines ganz anderen Punktes im Gespräch zeichnete der Sozialpädagoge ein größeres Oval auf ein Blatt Papier, auf das er sich zuvor, um es sich zu merken, das Wort 'Großmund' notiert hatte. Sofort fragte der Jugendliche, ob er dem Sozialarbeiter aufzeichnen könne, was da in ihm passiere. Er übernahm den Stift und fing an, in das Oval zu zeichnen: „Das ist mein Gehirn und hier ist … und dann passiert. … Und wenn ich nicht …"
Das Oval war ungewollt zu einem Kristallisationskern geworden. Alles andere entstand daraus – wie von selbst.

Wollen Sie das Familiensystem näher verstehen, empfehle ich die Arbeit mit der einfachsten Form des Genogramms. Wahrscheinlich sind über Genogramme und ihre Erstellung ganze Bibliotheken und mittlerweile auch einige Computerprogramme geschrieben worden. Und natürlich gibt es auch eine *richtige* und *offizielle* Art und Weise, Genogramme zu erstellen. Die Anzahl und Abwandlungen der zu verwendenden Zeichen gleichen mittlerweile einer eigenen Bildersprache, die man erst umständlich erlernen muss. Doch darum geht es hier nicht. Lassen Sie sich nicht abschrecken.
Ziel ist es ja einerseits mit meinem Gegenüber ins Gespräch und an Informationen zu kommen und andererseits, mich später wieder an diese Informationen erinnern zu können. Als schnelle 'Gedankenstütze' eignen sich Bilder und Symbole besser als ausformulierte Textzeilen. Wenn Sie ihren Klienten nach seiner Familie fragen, können Sie einfach die gegebenen Informationen umgehend darstellen. Was ihnen fehlt, danach fragen Sie. Später

oder sofort. Im folgenden Beispiel gehen wir davon aus, dass Sie viel fragen mussten.

Bei Jugendlichen wird unterhalb der Mittellinie eines Blattes im Querformat in die Mitte ein kleiner Kreis (für Mädchen) oder ein Quadrat (für Jungen) aufgemalt. *„Das bist du!", „Du heißt ...?"* Die Antwort wird zu dem Symbol gezeichnet. *„Du bist ...wie alt?"* Die Antwort wird als Ziffer zum Symbol oder in das Symbol gezeichnet. Sie haben nun also auf einem weißen Blatt Papier lediglich ein kleines Viereck (oder einen Kreis) mit einem Namen und einer Zahl – und doch sind die Jugendlichen fasziniert und beginnen sich mit diesem kleinen Ding zu identifizieren.

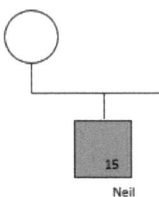

„Deine Eltern ..." Reaktion abwarten. *„Du lebst bei beiden Eltern?! Nein? Bei der Mama?"* Ein Kreis links oberhalb des Jugendlichen wird eingezeichnet. *„Und dein Vater ...?... Aha, der ist weg."*

Trotzdem wird auf die Ebene der Mutter ein Quadrat rechts oberhalb des Jugendlichen gemalt, wird dann aber von den beiden „abgetrennt" – durch einen trennenden Strich oder ein Oval um Mutter und Kind oder was auch immer. Es kann nach Großeltern, Geschwistern, Onkel, Tanten, sonstigen Personen, Haustieren, Partnern gefragt werden. Dadurch entsteht langsam ein

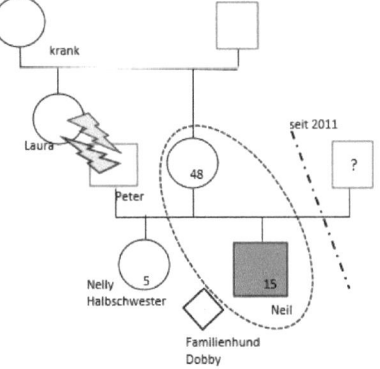

Bild, eine Ordnung. Wohnorte können erfragt werden oder auch Daten. Am Rand können Ressourcen (Hobbys, Fähigkeiten, Interessen) notiert werden; die besuchte Schule, Abschlüsse, Ausbildungsstelle, Ziele, was auch immer. Koalitionen können (durch beispielsweise Umkreisen) eingetragen werden, Konflikte durch Blitze.

Es ist ein Bild, das zusammen erstellt wird. Das langsam wächst. Ein Bild, mit dem sich der Klient identifiziert. Denn irgendwie ist *er* das da auf dem Papier (und auch nicht).

Muss der Helfer noch zu Beginn gegebenenfalls vieles erfragen, so wird dies häufig zum Selbstläufer, wenn der Klient das Prinzip verstanden hat. Er bietet dann von sich aus weitere Informationen an oder erzählt über einzelne Punkte oder Beziehungen auf diesem Bild, um die Dynamiken aus seiner Sicht besser verständlich zu machen. Im Gegenzug können Sie nachfragen, bei dem, was Ihnen fehlt oder was Ihnen unklar ist.

In der systemischen Therapie kann die Genogramm-Arbeit ein wichtiger Teil sein. Da sie noch weitere, tiefer gehende Möglichkeiten bietet. Doch allein mit dem hier Beschriebenen lassen sich ausgezeichnet Informationen und Ressourcen ermitteln, die Grundlagen einer Zusammenarbeit schaffen und ein tieferes Verständnis für den Klienten herstellen. Und so seltsam es klingt, die Klienten sind häufig stolz auf ein solches Bild.

Weisheit

„Einen Sachverhalt, Problem oder Lösung, die Du nicht grafisch darstellen kannst, hast Du nicht vollständig verstanden."

Harald Vogel

Händisch Skalieren

Eine weitere Möglichkeit sowohl zu visualisieren (also etwas anschaulich sichtbar zu machen) als auch Informationen analog darzustellen, ist eine bestimmte Form der Skalierung.

Skalierungsfragen gehören zum Grundsortiment der systemischen Therapie und der Lösungsorientierten Beratung. Auf die Fragen *„Wie geht es dir heute?"*, *„Wie gefällt es dir bei uns?"* oder *„Möchtest du mit dem Kiffen aufhören?"* bekommt man im helfenden und sozialen Bereich häufig Antworten, die dem Binärcode entsprechen: Eins oder Null. Was bei oben genannten Fragen *gut* oder *schlecht*, *Ja* oder *Nein* entsprechen würde.

Natürlich gibt es noch die Möglichkeiten 'weder - noch' oder *beides*, was in etwa der Antwort 'weiß nicht' entspräche.

Bei *gut* und *Ja* freut sich das Helferherz, bei *schlecht* und *Nein* tut es das nicht. Und bei 'weiß nicht' ist es frustriert.

Was aber, wenn man sich vorstellte, dass 'gut' und 'schlecht' bzw. 'ja' und 'nein' die Pole einer Skala darstellen würden? Sagen wir beispielsweise einer zehnstufigen Skala.

„Auf einer Skala von 1 bis 10, wobei 1 bedeutet 'gar nicht' *und 10* 'der beste Tag meines Lebens', *wie geht es dir heute?"* Dementsprechend: *„Wie (sehr) gefällt es dir bei uns?"* *„Wie (sehr) möchtest du mit dem Kiffen aufhören?"* oder sogar *„Wie sehr möchtest du weiter kiffen?"* Obgleich Sie nur einen Zahlenwert (zwischen 1 und 10) erfahren, haben Sie dennoch mehr Information, als hätten Sie die Fragen geschlossen (also binär) gestellt. Sie wissen im wahrsten Sinne des Wortes, wo Ihr Klient steht (oder, wenn Sie die Frage an verschiedenen Tagen stellen, wohin er sich bewegt). Selbst wenn das Extrem 1 genannt wird (im letzten Fall wäre das die 10)[80], können Sie dies weiter nutzen.

---

[80] Also jeweils ein Ende der Skala

Bei allen genannten Zahlen können Sie fragen, was denn passieren müsse, um von X auf X+1 zu kommen (also beispielsweise von einer Drei auf die Vier). Bei manchen unnachgiebigen Klienten kann man, um ihnen entgegenzukommen, auch auf halbe oder sogar Zehntelschritte gehen. Im Grunde bleibt die Frage: Was wäre also der kleinste mögliche Schritt hin zu einer Veränderung?[81]

Interessant im Sinne von unerwartet und im Sinne von Selbstwirksamkeit kann die Frage natürlich auch etwas ungewöhnlicher gestellt werden. Die Technik kommt meines Wissens nach aus der *Motivierenden Gesprächsführung* im Bereich Sucht. Es wird nicht gefragt, wie man von X auf X+1 kommt (also wie oben von Drei auf Vier), sondern man fragt:

„Aha drei! Warum ist es nicht nur zwei?" Also X -1. Der Klient muss „rechtfertigen", warum er nicht die Stufe darunter wählte – er selbst gibt eine Begründung, warum es der bessere Wert ist (egal, wie tief er ist).[82] Für Klienten ist eine solche Frage erfrischend unkonventionell mit überraschenden Antworten – nicht nur für den Helfer überraschend, sondern häufig auch für den Klienten.

Was hat das nun mit Visualisieren zu tun?

Praxisbeispiel

In der Arbeit mit Jugendlichen und Kindern kann man bemerken, dass diese mit der reinen Nennung von Zahlen beim Skalieren entweder überfordert sind, mit der Frageform an sich wenig anfangen können oder Zahlen nennen, die, gelinde gesagt, nicht glaubhaft sind.

Daher fordere ich gerade Jugendliche auf, mit der Höhe ihrer Hand die jeweilige Antwort anzuzeigen.

Sitzt der Jugendliche beispielsweise an einem Tisch, zeige ich ihm mit meinem gestreckten Arm nach unten (die Handfläche parallel zum

---

[81] für die Antworten gelten natürlich wieder die Wohlgeformtheitskriterien
[82] Miller, W., & Rollnick, S. (2009). Motivierende Gesprächsführung. Freiburg i.Br.: Lambertus

Fußboden), dass dies die 'Eins' sei. Sie bedeute in diesem Zusammenhang beispielsweise: „Mag ich überhaupt nicht, ich hasse es!" Der gestreckte Arm nach oben bedeute die 'Zehn': „Ich liebe es, das Beste, was ich mir vorstellen kann". Die Höhe der Tischplatte (die Mitte) entspreche einer 'Fünf'.

Die jungen Menschen sollen dann eine Frage per Handzeichen beantworten. Auch wenn verbal eine Zahl angeboten wird, bestehe ich auf das Anzeigen per Hand. Das Interessante: Das Handzeichen ist meistens sehr viel 'ehrlicher' als die verbale Antwort.

Zum Beispiel kann die Hand eindeutig noch unter der Tischplatte sein, doch auf Nachfrage der Zahlenwert 'Sieben' genannt werden. Spreche ich das Offensichtliche an (die Hand ist nun einmal unter der Tischplatte), wird nicht etwa die Hand verändert, sondern stattdessen die Aussage. Oder die jungen Menschen zeigen sich verwundert, dass ihre Hand etwas anderes zeigt, als sie sagen wollen. Thematisiert man dann dieses, erhält man sehr valide Informationen.

Das händische Skalieren hat allerdings noch eine systemische Komponente. Es ist ein Unterschied, ob ich in einer Gruppe (bei jedem Einzelnen nacheinander) Zahlenwerte abfrage (dies dauert ggf. lange und wird oft als langweilig empfunden) oder ob ich auf einen Schlag von jedem in der Gruppe eine Rückmeldung per Handzeichen und -höhe bekomme. Der Fragende hat sofortiges Feedback, die Gruppe ebenfalls und es ist im eigentlichen Sinne keine Absprache oder Gruppendruck möglich. [83]

---

[83] Haben vor mir zehn Leute nacheinander denselben Zahlenwert genannt, fällt es mir als Elfter schwer, einen konträren Zahlenwert zu nennen. (siehe auch *Konformitätsexperiment von Solomon Ash*)

Praxisbeispiel

Eine Mutter zeigt nach Meinung des Beraterteams wenig mütterliche Gefühle für ihren elfjährigen Sohn. Sie kann nichts Positives ihren Sohn betreffend benennen, sehen oder anerkennen. Der Junge selbst scheint sehr an seiner Mutter zu hängen. Die Mutter selbst hält sich für eine außerordentlich gute und liebevolle Mutter. Im Laufe eines längeren Familiengesprächs fragt ein Berater den Sohn:

„Auf einer Skala von Eins bis Zehn, …wenn Zehn [getreckter Arm des Beraters nach oben] bedeutet 'Super, es geht nicht besser!' und Eins [gestreckter Arm nach unten] bedeutet 'Gar nicht' - was glaubst du, wie sehr mag dich deine Mama?"

Die Hand des Jungen sank langsam unter die Tischplatte und kam bei einer veritablen 1,5 zum Halten. Der Helfer hoffte, die Mutter damit ein wenig aus der Reserve zu locken, doch diese zeigte sich weiter redselig und schien überhaupt nicht beeindruckt.
Demgegenüber war der zweite Berater sichtlich geschockt, da er auch nicht ansatzweise eine solche Antwort erwartet hatte.

ANGST UND VORBEHALTE NEHMEN

Information

Wenn das Visualisieren sozusagen die Kondensationskerne eines Dialoges bilden, um den sich dann das weitere Gespräch überhaupt bildet, so gibt es auch einen Katalysator in der Gesprächsführung.[84] Und was ist nun dieser Katalysator? *INFORMATION!* Oder besser: *Informationen geben!*

Wenn Sie Informationen geben, erhalten Sie auch Informationen. Diese ureigenste menschliche Eigenart ist ein Grundprinzip im menschlichen Zusammenleben und wird *Wechselseitigkeit* oder *Reziprozität* genannt. Vielen ist es aus einem US-amerikanischen Spielfilm als '*Quid pro quo*' bekannt.[85]

Die Informationen, die Sie dabei geben, gehören zur selben Klasse und sind analog zu dem, was Sie wissen wollen. Wenn Sie Informationen über Kinder haben möchten, sprechen Sie über (ihre) Kinder, wenn Sie Informationen über Arbeitgeber haben wollen, sprechen Sie über Ihre (ehemaligen) Arbeitgeber. Hier geht es nicht wirklich darum, dass Sie etwas von sich offenbaren – die Informationen müssen nur bedeutungsvoll klingen. Sie könne dabei auch sehr unbestimmt bleiben. Beispiel Kinder: *„Ja, Kinder und Erziehung. Ist nicht immer einfach, da können wir beide ein Lied davon singen, nicht wahr?"* Dies ist ein Truismus, eine Binsenwahrheit, etwas Offensichtliches, das gut und wahr klingt – aber was sagt es über Sie? Nichts wirklich Inhaltliches.

---

[84] Ein Katalysator ist in der Chemie ein Stoff, der die Reaktionsgeschwindigkeit einer chemischen Reaktion erhöht und unverändert daraus hervorgeht.
[85] Das Schweigen der Lämmer mit dem Herausragenden Anthony Hopkins

Mitunter, gerade in Zwangskontexten, haben Sie Klienten, die zu bestimmten Themen schweigen oder nichts sagen wollen - anfangs. Auch hier können Sie, unter bestimmten Voraussetzungen, diesen Prozess beschleunigen. Allerdings ist es dabei wichtig, dass Sie Ihr Gegenüber nicht übervorteilen wollen. Diese Technik sollte im Vertrauen auf die produktive und konstruktive Zusammenarbeit genutzt werden. Sie bestätigen dabei indirekt die Weltsicht Ihres Gegenübers. Wenn Sie bemerken und klar ersichtlich ist, dass Ihr Gegenüber nicht (mehr) über ein bestimmtes Thema sprechen möchte, können Sie das stillschweigend akzeptieren (was auch manchmal sinnvoll sein kann) oder ansprechen: *„Da gibt es Dinge, von denen Sie nicht wollen, dass ich sie weiß, die sie nicht sagen wollen. Es gibt eine Menge Dinge über sie selbst, die sie nicht erörtern wollen, daher lassen sie uns über die reden, über die Sie sprechen wollen."* Dies Technik geht auf den Psychiater, Psychologen und Hypnotherapeuten Milton Erickson zurück.[86] Der Klient, der sich darauf einlässt, wird erfahrungsgemäß dann sehr viel mehr erzählen, als er zu Beginn beabsichtigte. Manche meinen, dass dies Manipulation oder sogar ein Trick sei. Doch dem ist nicht so, denn – und das ist hier der Punkt – die Gesprächssituation, der Dialog geht ja weiter. Sie haben keinen Manipulationsknopf gedrückt oder ein Wahrheitsserum verabreicht. Ihr Klient beobachtet weiter, wie Sie reagieren und fasst von gegebener Information zu gegebener Information mehr Mut, Vertrauen und was auch immer. Es ist ja weiterhin keine Einbahnstraße der Entscheidung oder ein Pakt mit dem Teufel. Die Souveränität und Autonomie des Klienten bleiben auch hier stets gewährt. Sie haben allerdings das Angebot ausgesprochen aus einer binären Situation „Ich erzähle" vs. „Ich

---

86 Haley, J. (1978). Die Psychotherapie Milton H. Ericksons (8. Ausg.). Stuttgart: Klett-Cotta; Leben Lernen S.100
Beachten Sie, dass alle Aussagen verneint sind (s. *Keine Verneinung nicht* S. 72)

erzähle nicht(s)" etwas Fließendes zu machen (sprich zu einem Spektrum[87]).

Den eigenen Status senken

Die Kundschaft von Helfern muss im Rahmen der Zusammenarbeit häufig Tätigkeiten ausführen, die sie sich nicht zutraut (beispielsweise Formulare ausfüllen, Telefonieren mit Institutionen, Gänge zu Behörden, Termine vereinbaren, vorsprechen oder was es sonst noch an Arbeitsaufträge gibt).

Diese Tätigkeiten werden regelmäßig entweder gar nicht erst begonnen, zufällig vergessen, abgebrochen oder tatsächlich falsch gemacht. Die Klienten teilen dies dann mit einem sehr schlechten Gewissen mit. *„Ich traue mir das nicht zu.", „Hatte keine Lust.", „Die da oben!", „Wieder etwas falsch gemacht!", „Wieder nichts hingekriegt.", „Ich bin ein Versager!"*

Sie können nun natürlich versuchen, Ihren Klienten zu motivieren, ihm versuchen, die Angst zu nehmen, ihm mitteilen, dass er kein Versager ist und sich den Mund anderweitig „fusselig" reden.

Keith Johnstone, der Erfinder des Theatersports©, eine Form des Improvisationstheaters, hatte in solchen Fällen ein anderes Vorgehen. Wenn ein Schüler blockierte oder nicht mehr weiterwussten, fragte er ihn, ob er das, was er von ihnen verlangte, schon einmal gemacht hätte.

Nein, natürlich noch nie.

Woher er es denn dann können sollte?! Er sei doch der Lehrer. Wenn dem Schüler etwas nicht gelänge, dann sei das wohl seine Schuld, da er es nicht gut oder nicht ausreichend erklärt habe. Es tue ihm leid, er übernehme dafür die volle Verantwortung.[88]

---

[87] Definition Spektrum: Vielfalt der Erscheinungen; Gesamtheit aller Möglichkeiten in einem bestimmten Bereich
[88] Johnstone, K. (2010). Improvisation und Theater. Berlin: Alexander Verlag

Dieses Vorgehen entlastete die Schüler derart, dass ihnen die Übung dann gelang. Sie waren ja nicht verantwortlich für ihr Scheitern, sodass sie entspannt an die Übung gingen.

Neben den positiven Effekten dieser Technik verdeutlicht sie auch etwas anderes: objektive „*Wirklichkeit*" gibt es ja nicht (wie wir oben schon gesehen haben). Vielleicht ist es ja '*wirklich*' so, dass der Helfer seinen Klienten mit der Aufgabe überforderte? Dass er die Aufgabe '*wirklich*' nicht gut erklärt und vorbereitet hatte? Wer weiß das schon?! Es zeugt aber von Größe, sich klein machen zu können und sein Gegenüber besser (als vorher) dastehen zu lassen. Die Fähigkeit zu wissen, wann man seinen Status senken muss, ist für einen Helfer grundlegend.

Ein Helfer, ...

... der sich von seinem Klienten etwas erklären lässt[89]

... der über sich selbst lacht,

... der eigene Fehler zugibt,

... sich als Mensch zeigt und auch Privates erzählt, [90]

... der zugibt, nicht mehr weiter zu wissen,

... der sich auch neben ein Kind kniet, damit es nicht zu ihm aufschauen muss,

senkt seinen *äußeren* Status, bleibt aber im *Innern* ungebeugt, wenn er es aktiv und bewusst gestaltet.

Gleichzeitig zeigt der Helfer als Modell, wie man mit Fehlern, Rückschlägen und ggf. einem aufgeblasenen Ego umgehen kann.

Erinnern Sie sich noch an die Weisheitsgeschichte mit dem Granatapfel (S. 32)? Der Weise gibt auf die richtige Art und Weise

---

[89] Und sei es nur bezüglich eines sehr ausgefallenen Hobbys.
[90] Es gibt Helfer, die hier ein kategorische Abstinenzregel befürworten. Natürlich erzähle ich nichts über das aktuelle Leben meiner Familie. Allerdings spreche ich über alltägliche Gegebenheiten und Missgeschicke, die mir widerfuhren. Nicht, um mich als besser, sondern als gleich darzustellen. Doch hier muss jeder seinen eigenen Stil finden.

sein Wissen preis. Teil der richtigen Art und Weise ist dabei auch den eigenen Status zu senken, um es damit dem Patienten leichter zu machen, das Wissen und die Ratschläge anzunehmen: *„ [...] Jetzt habe ich es, und ich frage mich, warum bin ich nicht gleich darauf gekommen. Wenn man es recht bedenkt, ist es doch einfach ...“*

Weisheit

„Der Vorteil der Klugheit besteht darin, dass man sich dumm stellen kann. Das Gegenteil ist schon schwieriger.“

Kurt Tucholsky

Als könne man kein Wässerchen trüben

Eine besondere Form, den eigenen Status zu senken und eine der Grundfähigkeiten eines Helfers möchte ich Ihnen nicht vorenthalten. Viele Helfer verstehen sich als Anwalt ihrer Klienten. Sie setzen sich für sie und ihre Rechte ein und streiten für sie.

Ein echter Anwalt vertritt seine Mandanten gegenüber Dritten und kann und muss teilweise sehr bestimmend auftreten, um seinen Job zu machen und seine Ziele zu erreichen.

Helfer und Klienten erhoffen oder erwarten von Dritten bestimmte Hilfen und Leistungen. Treten Sie als Helfer nun allerdings gegenüber diesen Dritten fordernd, wie ein typischer Klischeeanwalt auf, so kann dies schnell scheitern nachteilige Effekte für Ihren Klienten nach sich ziehen.

Warum ist dies so? Diese Dritten sind häufig Leistungserbringer im Sozialen Bereich (beispielsweise Jugendämter, Jobcenter etc.) *Erstens* gelten hier einerseits klare rechtliche Regeln, doch auch faktisch ein großer Ermessensspielraum der jeweiligen Sachbearbeiter.

Zweitens haben die dortigen Mitarbeiter ebenfalls Vorgaben zu erfüllen, da auch sie einem doppelten Mandat (einerseits Helfen, andererseits Kontrollieren) unterliegen. Genug Stoff für Konflikte. Und *drittens*: Menschen im Sozialen Bereich sind zwar Fachkräfte und haben häufig rechtliche Grundlagen erlernt – rechtssicher sind jedoch die wenigsten (auf beiden Seiten – da ist viel Auslegungssache und noch viel mehr Meinung).

Praxisbeispiel für drittens

Aufgrund einer persönlichen Krise und einer unglücklich verlaufenen Kommunikation werden die beiden Kleinkinder eines Akademikerehepaares durch das Jugendamt Inobhut genommen. Die Eltern rufen zwei befreundete Sozialpädagogen an und lassen sich über ihre Möglichkeiten beraten: Was sie tun und wie sie auftreten sollen, welche Möglichkeiten sie haben etc.

Da sich die Vier gut kennen, stellt sich in dem Telefonat schnell heraus, dass die Gründe des Jugendamtes für eine Inobhutnahme – also die Wegnahme der Kinder von den Eltern – nicht ausreichend waren. Die Eltern wurden instruiert, sollten und wollten die Sache klären und in letzter Instanz sollten sie die Herausgabe der Kinder fordern.

Die Sachbearbeiterin des Jugendamtes verweigerte dies jedoch (was rechtlich wiederum nicht korrekt war. Es hätte nach dieser Forderung umgehend eine familiengerichtliche Entscheidung herbeigeführt werden oder die Kinder an die Eltern übergeben werden müssen).

Nun war das Ehepaar, wie schon erwähnt, ein Akademikerehepaar. Ein gutverdienendes Ehepaar. Der letzte Rat der Sozialpädagogen, um die Kinder schnell wieder zu bekommen:

„Holt euch einen Anwalt"!

Anwalt tritt auf – Kinder wieder zu Hause.

Alleine durch das Erscheinen des Anwaltes knickte die Sachbearbeiterin und das Jugendamt umgehend ein.

Viertens: Was bleibt zu tun? das Zwischenmenschliche!

Wenn Sie etwas für Ihren Klienten bei Dritten tun, so fehlen häufig Informationen: dem Klienten fehlen Informationen, dem Dritten fehlen Informationen, dem Helfer fehlen Informationen. Die Grundeigenschaft, die man dann braucht, ist – 'sich dumm stellen' Kontaktieren sie den Dritten und fragen Sie einfach interessiert nach: Was es in einem theoretischen Fall für Möglichkeiten gibt, welche Vorschläge er hat. Oder ob er den Klienten vielleicht kennt, was schon passiert ist, in die Wege oder nicht in die Wege geleitet wurde, etc.

Vermitteln sie den Eindruck, dass …

> …Sie selbst über keine oder wenig Informationen verfügen und
> …er Ihnen dadurch helfen kann.

Dies können Sie auch genau so verbalisieren. Sie werden erstaunt sein, an wie viele Informationen Sie so kommen und (tatsächlich) wie hilfsbereit viele andere sind.

Der Nachteil: Manchmal sind Sie gezwungen, Kröten zu schlucken. Sie müssen häufig das eigene Ego vergessen und nett zu Menschen sein, zu denen Sie eigentlich nicht nett sein wollen. Sie wissen vielleicht, dass der Dritte etwas falsch macht oder gemacht hat und in Ihrem gerechten Zorn wollen Sie ihm das sagen und für die Rechte ihres Klienten kämpfen. Sie erreichen allerdings mehr, wenn sie mit den oben dargestellten Strategien vorgehen.

Weisheit?!

„Sei schlau, stell dich dumm."
> Daniela Katzenberger

ETHISCHER IMPERATIV

Wenn man Schüler einer siebten Klassenstufe fragt, warum sie glauben, dass Jugendliche Suchtmittel nehmen oder nehmen wollen, so haben Sie schnell viele (richtige) Gründe dafür zusammen: *Neugierde, Gruppenzwang, Vorbilder, cool sein wollen, Verbote, sich besser fühlen wollen/nichts mehr fühlen wollen, Situation verbessern, Dazugehören etc.*

Motivationstheorien gibt es so einige. Die für die Schüler als Erklärungsmodell passende ist die *Selbstbestimmungstheorie* von Deci und Ryan. [91]
Nach dieser Theorie gibt es drei universelle psychologische Grundbedürfnisse: *Kompetenz, soziale Eingebundenheit* und *Autonomie.*

Kompetenz wird hier verstanden, als *sich erproben* und *erfolgreich erleben* zu wollen. Die Überzeugung zu haben, schwierige Aufgaben aufgrund eigener Fähigkeiten bewältigen zu können – mit anderen Worten: erfahrene Selbstwirksamkeit.

Soziale Eingebundenheit – der Mensch als soziales Wesen, als Teil einer Gruppe, der sich durch diese Zugehörigkeit definiert.

Autonomie Menschen wollen selbstgesteuert agieren und sich als autark erleben.

Sie können gerne die von den Schülern genannten Punkte diesen drei Grundbedürfnissen zuordnen.

---

[91] engl. Self-Determination Theory, SDT
https://cbrell.de/blog/selbstbestimmungstheorie-der-motivation-nach-deci-und-ryan/
https://de.wikipedia.org/wiki/Selbstbestimmungstheorie

Wird auch nur eines dieser drei Grundbedürfnisse über einen längeren Zeitraum nicht befriedigt oder an der Befriedigung gehindert, so sucht sich das Individuum dafür einen Ersatz.

Also zu versuchen, Kinder vor allem zu schützen (Nicht mehr auf Bäume klettern lassen – sie könnten sich ja verletzen), kann auf lange Sicht schlimmere Folgen haben als so manch blauer, schmerzhafter und lehrreicher Fleck. Es muss jedem Kind die Möglichkeit gegeben werden, diese Grundbedürfnisse auf natürliche Art und Weise zu befriedigen.

Spielen, Toben, echte Erfahrungen machen, unterschiedliche reale soziale Kontakte haben, Herausforderungen bestehen und Spaß haben, ist dabei die Devise.

Doch nicht nur für Schüler der siebten Klasse ist dies wichtig. Die Devise gilt für alle, mit denen Sie arbeiten.

Sie müssen darauf achten, die Grundbedürfnisse Ihrer Klienten nicht zu verletzen oder einzuschränken. Wenn ich einen Klienten bevormunde, glaube es besser zu wissen als er und treffe Entscheidungen für ihn, so verletze ich genau diese Bedürfnisse. Möchte ich, dass er sich von Verhaltensweisen oder auch Personen trennt, mag das objektiv gut für ihn sein, doch er hat das Gefühl, ihm werde etwas 'weggenommen' oder vorenthalten.

Früher war man der Meinung, lediglich und direkt an Symptomen zu arbeiten, oder zu versuchen diese einfach 'wegzumachen', könne nicht gelingen. Erst müsse ein zugrunde liegender Konflikt bearbeitet werden. Würde man nur versuchen das Symptom wegzumachen, käme es lediglich zu einer Symptomverschiebung – anstelle des alten müsse mit einem neuen Symptom gerechnet werden.[92]

Ein Beispiel, das diese Theorie vermeintlich zu bestätigen scheint, ist der Wunsch, das Rauchen einfach wegzuhypnotisieren. Wenn der

---

[92] https://link.springer.com/chapter/10.1007/978-3-211-99131-2_1888

Hypnotiseur suggeriert, dass ab sofort jede Zigarette nicht mehr schmecke, so gelingt dies! Allerdings nur für eine kurze Zeit. Denn schon bald beginnen die Ex-Raucher wieder aktive Raucher zu werden. Der Suchtdruck und die auslösenden Trigger sind zu stark – die Suggestion verpufft. Gemäß analytischer Ansicht müsste, wie oben schon erwähnt, zuerst ein grundlegender Konflikt (aus der Vergangenheit – wahrscheinlich bei Männern mit ihrer Mutter) aufgearbeitet werden.

Im Neurolinguistischen Programmieren oder der Hypnotherapie wird dagegen davon ausgegangen, dass das Rauchen (das symptomatische Verhalten) eines der oben genannten Bedürfnisse erfüllt. Der eine raucht, weil es seine Art ist zu entspannen (*Autonomie*). Der andere, um von Gleichaltrigen anerkannt zu werden oder zum Klönen unter Kollegen in der Raucherzone (*Soziale Eingebundenheit*). Es geht also bei der 'Beseitigung' des Rauchens eher darum, dieses jeweilige Bedürfnis auf andere (konstruktivere und damit gesündere) Weise zu erfüllen.

Das Interessante an diesem Ansatz ist allerdings, dass bei dieser Art des Arbeitens (wie auch bei der systemischen Therapie) das alte Verhalten als Möglichkeit weiter bestehen bleiben darf und nicht komplett 'abgeschafft' wird. Dem Klienten (bzw. seinem Unbewussten – oder wie immer man diesen Teil nennen möchte) wird mitgeteilt, dass ihm das alte Verhalten nicht weggenommen wird und er in bestimmten (und seltenen) Fällen auch wieder dieses Verhalten zeigen darf (wenn es denn notwendig wäre).

Der *Ethische Imperativ* des Physikers, Kybernetikers und Philosophen Heinz von Foerster und Mitbegründer des Radikalen Konstruktivismus lautet folgerichtig:[93]

---

[93] in Anlehnung an den Kategorischen Imperativ Immanuel Kants

128

Systemische Grundhaltung

„Handle stets so, dass die Anzahl der Wahlmöglichkeiten größer wird! "

Heinz von Foerster[94]

Unter Beachtung der vorgenannten psychologischen Grundbedürfnisse sollten Sie folgerichtig stets so arbeiten, dass Sie nie versuchen, Ihrem Klienten etwas wegzunehmen oder etwas wegzumachen. Ihr Klient wird gute Gründe haben, die Sie vielleicht nicht verstehen oder vielleicht *noch* nicht verstehen. Vielleicht sieht er auch einfach keine Alternativen – genau da kämen Sie ins Spiel.

Einfach etwas wegmachen (oder zu verbieten), dagegen wird er oder Teile von ihm sich bewusst oder unbewusst wehren. Fügen Sie stattdessen etwas hinzu – eine Wahlmöglichkeit. Oder vielleicht besser zwei oder drei?!

Ihre Klienten erleben Ereignisse häufig so, als hätten sie keine Wahl (gehabt). Als sei das, was passierte, alternativlos gewesen.

ES passierte – einfach so. Die Klienten haben nicht so gehandelt – *es* passierte ganz automatisch. Dieses Empfinden ist noch eine Stufe stärker, als falsch gehandelt zu haben – der Klient empfindet sich als Spielball der Gegebenheit (wobei gesagt werden muss - manchmal ist dem auch wirklich so).

Es geht folgerichtig darum, dem Klienten (wieder) Wahlmöglichkeiten zu eröffnen.

Habe ich nur eine Handlungsmöglichkeit, so ist dies keine Möglichkeit, sondern Zwang. Habe ich zwei Optionen, so bin ich in einem Dilemma. Erst ab drei Möglichkeiten habe ich tatsächlich eine (Aus-)Wahl.

---

[94] Oder anders ausgedrückt: Füge dem Bild des Klienten etwas Neues hinzu. (Schlippe von & Schweitzer, 1997) S. 273

Menschen reagieren sehr positiv darauf, auswählen zu können. Wenn Sie beispielsweise Ihrem Gegenüber sagen:

„Setzen Sie sich!"

so wird er das ggf. als Zwang empfinden, da Sie eine klare Anordnung aussprechen.

„Möchten Sie sich setzen?" ist ebenfalls (strenggenommen) eine geschlossene Frage. Die mit einem *Ja* oder einem *Nein* beantwortet werden kann und somit das oben beschriebene Dilemma darstellt. Sie wird dennoch, obgleich sie Aufforderungscharakter hat, positiver wahrgenommen als der direkte Appell.

In einem Raum mit mindestens zwei Stühlen wird die *Frage „Wo möchten Sie Platz nehmen?"* nicht als das erkannt, was sie ist. Der Klient wird dies als echte Wahl betrachten, er kann ja aus mindestens zwei Plätzen auswählen. Verkennt aber, dass einfach angenommen wird (Präsupposition), dass er sich hinsetzen wird. Also nicht ob, sondern nur wohin er sich setzen will. Die vierte Option, einfach stehen zu bleiben oder die fünfte, den Raum zu verlassen, wird somit meist erst gar nicht in Betracht gezogen.

Alle Alternativen abdecken

Wir haben festgestellt, dass 'eine Wahl haben' besser ist, als 'keine Wahl haben' und dass die meisten Klienten wohl ebenso denken.

Was aber, wenn eine Instanz außerhalb des gemeinsamen Gespräches zwischen Helfer und Klient eine Entscheidung treffen wird, die zu diesem Zeitpunkt noch unbekannt oder nicht sicher bzw. absehbar ist?

Dafür möchte ich ein bisschen ausholen. Eine Form der Selbsthypnose ist das sogenannt *Autogene Training*. Dieses bedient sich formelhafter Suggestionen wie beispielsweise *"Der rechte Arm ist ganz schwer"*. Bei einigen Menschen funktioniert diese Entspannungsmethode ausgezeichnet. Bei anderen dagegen - nicht. Bei Letztgenannten wird der Arm einfach nicht schwer, fühlt sich verflixt noch mal nicht schwer an und überhaupt scheint das Ganze nicht zu funktionieren. Sie erinnern sich? Lediglich *eine* Möglichkeit.

In der modernen Hypnose nach Milton Erickson würde der Hypnotiseur nicht (oder nur selten) suggerieren, dass der rechte Arm schwer sei. Geschieht dies dann nämlich nicht, hätte der Klient den Beweis, dass der Hypnotiseur nichts taugt oder Hypnose bei ihm nicht wirkt. Ein Hypnotiseur nach Erickson würde dagegen beispielsweise suggerieren, dass eine Hand sich (vielleicht) leichter, die andere Hand sich dagegen (vielleicht) schwerer anfühlt. Vielleicht fühlt sich ein Finger der einen Hand oder der anderen Hand leichter an? Es könnte aber auch sein, dass der Proband einen Impuls spürt, dass sich die eine oder die andere Hand nach oben drehen möchte. Oder die Hände haben das Bedürfnis, sich zueinander oder vielleicht voneinander wegzubewegen?

Was hier für das Wachbewusstsein klingt, wie ausgemachter Blödsinn, ergibt für den Probanden in dieser Situation Sinn. Es wird gegen keine Überzeugung des Probanden verstoßen. Weder wird spezifiziert, welche Hand (die rechte oder die linke) noch wird gesagt, welcher Finger oder dass etwas so oder so 'ist'.

Was tut der Hypnotiseur? Natürlich will er eine irgendwie geartete Reaktion beim Probanden auslösen (bzw. sehen). Sozusagen als Ratifizierung der Hypnose für sich und den Probanden. Da er aber nicht weiß, was der Proband fühlt oder wie dieser 'tickt', deckt er einfach jegliche Möglichkeit ab. Er sagt ja nicht einmal, dass sich eine Hand oder ein Finger bewegen wird oder soll, sondern nur, dass es einen Unterschied im Fühlen in einer der beiden Hände oder in einem der zehn Finger gibt. Die Wahrscheinlichkeit, dass sich eine Hand oder auch nur einer der zehn Finger anders oder tatsächlich leichter anfühlt, ist sehr hoch (unabhängig von einer Trance) und damit sind diese Aussagen für den Probanden ratifiziert und widersprechen nicht seinen Überzeugungen.

Ob Sie es glauben oder nicht – alle Möglichkeiten abzudecken hat einen schützenden Effekt. In einer Studie zu einer

„kognitiv-behaviorale, vornehmlich psychoedukative Intervention, die darauf abzielt, die Erwartungen von Patienten vor der aortokoronaren Bypass-Operation zu optimieren..." [95]

konnte nachgewiesen werden, dass, wenn man mögliche Probleme und mit Sicherheit auftretende (negative) Auswirkungen vorwegnimmt, diese dann als Bestätigung für sämtliche in diesem Zusammenhang geäußerten Feststellungen genommen werden.

Was heißt das übersetzt? Wenn ich vor einer Herz-OP dem Patienten sage, dass alles gut (gehen) wird, so kann er mir dies glauben oder nicht. Treten dann aber (erwartbare) Probleme auf, wie beispielsweise Schmerzen oder eine immer noch geringe Ausdauer oder Kurzatmigkeit, so ist die Gefahr hoch, dass der Patient die gesamte Operation und ihr Ergebnis infrage stellt. Wurde ihm aber mitgeteilt, dass auch bestimmte negative Dinge auf ihn zukommen werden und somit auch ein Teil des Genesungsprozesses sind, so sieht der Patient dies auch als eine Bestätigung, dass er auf dem Genesungsweg ist.

Anstelle frustriert zu sein, dass ihn die Treppenstufen zu seiner Haustür erschöpfen (*„Hat doch alles nichts gebracht!"*), sieht er das erfolgreiche Erklimmen der Treppenstufen als Bestätigung an (*„So kurz nach der OP kann ich das schon - genau wie angekündigt.").* Jetzt könnte man sagen, dieses Vorwegnehmen des Negativen sei

---

[95] Das Zitat heißt nichts anderes als „psychologische Vorbereitung eines Patienten vor einer Herz-OP".
Laferton, J. A.-M. (27. Mai 2023). EXPECT- Eine präoperative psychologische Kurzintervention zur Erwartungsoptimierung vor einer Herzoperation. Abgerufen am 03. 03. 2024 von osf.io/preprints/psyarxiv/jm3gx: https://osf.io/preprints/psyarxiv/jm3gx

Schwarzseherei oder pessimistisches Denken – ähnlich dem Beipackzettel eines Medikamentes, in dem alle Nebenwirkungen aufgeführt sind oder eine ärztliche Aufklärung vor einem Eingriff. Der Unterschied ist, dass der Beipackzettel und die Aufklärung suggerieren, der Patient könne nun eine bewusste Entscheidung treffen und die Verantwortung liege allein bei ihm. Dieses Vorgehen schützt den Hersteller und den Arzt. Demgegenüber schützt die Vorwegnahme den Patienten.

Wie das? Der Patient weiß, was auf ihn zukommen kann bzw. zukommt. Und er erhält Verhaltensstrategien, wie er mit diesen Phänomenen umgehen kann (auch ein *„da musste halt durch"* ist eine Strategie). Die erfahrene Selbstwirksamkeit ist somit höher, als nur zu wissen, dass es Nebenwirkungen geben kann. Und genau dies senkt den Stresspegel. Es wäre also zu erwarten, dass derart instruierte Patienten schneller genesen als nicht instruierte Patienten.

Und genau das ist bei dieser Studie herausgekommen. Die vorbereiteten Patienten genasen signifikant schneller und mit weniger Komplikationen als die Kontrollgruppen.

Was ist nun der Mehrwert für uns? Klienten werden von Helfern beraten nach bestem Wissen und Gewissen. Es werden Optionen vorgeschlagen und Optionen verworfen. Es werden vielleicht auch Entscheidungen getroffen. Entscheidungen, bei denen davon ausgegangen wird, dass sie für die Klienten die beste Alternative darstellen. Allerdings gibt es nun eine dritte (und vielleicht vierte oder sogar fünfte) Partei, die dann bei dieser Entscheidung mitspricht, mitentscheidet oder schlussendlich ganz darüber entscheidet – um zu einem ganz anderen Ergebnis zu kommen. Würde der Helfer dies nicht miteinkalkulieren und seine Klienten auf diese Möglichkeit nicht vorbereiten, erwiese er diesen einen Bärendienst. Denn lehnt nun eine dritte Partei (z. B. ein Kostenträger) diese mühsam erarbeitete Entscheidung/Option ab, träfe das die

Klienten unvorbereitet. Sie haben dann keine Handlungsalternative im Kopf, erleben keine Selbstwirksamkeit und sich wahrscheinlich wieder als Opfer/Spielball der Institution.

Praxisbeispiel

Ein Jugendlicher wird von seinen Eltern nicht mehr wohlwollend behandelt – es wird kein gutes Haar an ihm gelassen. Auch die Schule bestätigt diesen Eindruck des Helferteams. Die Eltern räumen ebenfalls nach einigen Gesprächen ein, dass sie einer Rückkehr des Jugendlichen in die Familie eher kritisch gegenüberstehen. Sie fühlen sich überfordert. Der Jugendliche selbst äußert klar, dass er nicht mehr nach Hause möchte, er hat Angst davor.[96]

Das Helferteam überzeugt die Eltern, trotz großer Vorbehalte Hilfen des Jugendamtes in Anspruch zu nehmen. Eltern und Helferteam sind sich sicher, dass eine Rückkehr in den elterlichen Haushalt für keinen eine gute Lösung darstellt.

Die Eltern werden beraten, wie sie die Hilfen beim Jugendamt beantragen und auch, wie sie ihren Wunsch der Unterbringung außerhalb des elterlichen Haushaltes eindeutig äußern können.

Es folgen auch Erklärungen und Hinweise, dass das Jugendamt mit hoher Wahrscheinlichkeit nicht begeistert sein werde über diesen eindeutigen Wunsch nach einer bestimmten Art der Hilfe und womöglich versuchen werde, die Eltern und/oder den Jugendlichen von einer anderen Hilfe weniger intensiven Hilfe zu überzeugen.

Es wurde empfohlen, den Antrag daher schriftlich zu stellen (schriftliche Anträge müssen schriftlich beantwortet werden), erklärt. wie man gegen eine Ablehnung vorgehen könne und an wen sich die

---

[96] Der Fall und die folgende Intervention/Lösung sind natürlich sehr stark vereinfacht dargestellt. Es geht weniger um die rechtlich mögliche oder korrekte Vorgehensweise, sondern primär um den Umgang mit den Eltern.

Eltern noch wenden könnten (z. B. Ombudsstellen). Das Ziel war nicht, eine lückenlose rechtliche Beratung durchzuführen, sondern die Eltern emotional auf den 'Auseinandersetzungen' mit der Jugendhilfe und gegen den Großteil der Eventualitäten vorzubereiten.

„Und Sie sollten wissen, dass das nicht einfach wird ... Sie werden einen langen Atem brauchen ... es wird Hilfen geben, Sie müssen nur dranbleiben ... Sie haben schon so viel versucht und gemacht, ... Sie haben sich Hilfe bei uns gesucht ... Sie arbeiten gut und vertrauensvoll mit uns zusammen ...

Nach dem ersten Termin mit der Jugendhilfe kamen die Eltern spontan wieder zum Helferteam und teilten mit, dass es genau so gekommen sei, wie das Team es als Möglichkeit geschildert habe. Eine Unterbringung außerhalb der Familie sei sofort und kategorisch durch den Sachbearbeiter ausgeschlossen worden. Allerdings waren die Eltern weder verzweifelt noch ärgerlich oder in einem sonstigen negativen Gemütszustand. Der Vater schilderte es sogar humorvoll.

„.. Es war genau so, wie Sie gesagt hatten ...“

Im folgenden Gespräch wurden wieder alle noch verbliebenen Alternativen besprochen:

Sollte sie „lediglich“ eine ambulante Familienhilfe zur Seite gestellt bekommen und wider alle Erwartung würde diese Hilfe tatsächlich helfen (allen Beteiligten) – läge der Vorteil bei der Familie.

Helfe diese Maßnahme allerdings nicht (es ändere sich nichts zum Besseren), hätten alle Beteiligten inklusive des Jugendamtes den Beweis, dass die Eltern und der Jugendliche recht gehabt hätten und folgerichtig eine intensivere Hilfe (hier Herausnahme) greifen müssen – wieder läge der Vorteil bei der Familie.

Ziel dieses Gespräches war es wiederum, die Eltern dafür zu gewinnen, überhaupt eine Hilfe anzunehmen, weiter mit dem Jugendamt und dem Helferteam zusammen zu arbeiten und Kurzschlusshandlungen (wie beispielsweise Kontaktabbrüche jeglicher Art) zu verhindern.

GESPRÄCHE ABSCHLIESSEN, ZUKUNFT BAHNEN, ANGEKOPPELT BLEIBEN

„Wie hat Ihnen Ihr Einkauf gefallen?", „Wie wahrscheinlich ist es, dass Sie uns weiterempfehlen?", „Wie zufrieden waren Sie mit unserem Service?"
Sie kennen diese Fragen von kleinen Bildschirmen mit anzutippenden Smileys am Ausgang Ihres Supermarktes, als Pop-up im Internet oder als Mailanfrage, nachdem Sie in Ihrer Autowerkstatt waren. Sie dienen wahrscheinlich dazu, Leistungen eines Anbieters oder seines Produktes zu verbessern?! Mir persönlich gehen sie auf die Nerven. Denn ich denke, dass es hier weniger um Sie als Kunde geht, sondern eher darum, Feedback über die eigenen Mitarbeiter zu bekommen – sozusagen ein Kontrollinstrument.

Auch im Sozialen Bereich gibt es das. Hier wird es Evaluation genannt und als Teil der 'Qualitätssicherung' angesehen. Sie soll dann dazu dienen, Serviceleistungen eines sozialen Trägers nachweislich und kontinuierlich (angeblich für die Kunden, meiner Meinung nach primär für den Kostenträger) zu verbessern – indem man das Beste aus den Mitarbeitern herausholt.[97]
Die Kunst bei Evaluationsfragebögen ist es, die 'richtigen' Fragen zu stellen – dann kommen auch die richtigen Noten dabei heraus.
Um es ganz vereinfacht darzustellen: Anstatt zu fragen, ob die Teilnahme an einer Maßnahme etwas brachte, kann gefragt werden, ob der Klient sich in der Maßnahme wohlfühlte und die Mitarbeiter immer freundlich/zugewandt waren. Jetzt könnten Sie wiederum fragen, was denn das eine mit dem anderen zu tun habe. Recht haben Sie! Dass sich jemand in einer Maßnahme wohlfühlt und die

---

[97] Wer es nicht merkte: Das war Ironie!

Mitarbeiter nett und zuvorkommend waren, heißt ja nicht, dass der Klient irgendetwas gelernt, verändert oder mitgenommen hat. Es ist unter Umständen die Illusion von Qualität – aber gängige Praxis in Evaluationsbögen.

Das andere Extrem ist allerdings genauso mit Mängeln behaftet. Sich als Helfer einfach per se sicher zu sein, gut zu arbeiten und gute Qualität zu liefern. Oder an den nonverbalen Reaktionen des Klienten vermeintlich sicher ablesen zu könne, wie zufrieden der Klient mit der Leistung war und ist. [98]

Allerdings: Ohne Feedback keine Veränderung, ohne Veränderung, gleiches Handeln und das verspricht nicht unbedingt Qualität.

Weisheit

„Wenn du etwas so machst, wie du es seit zehn Jahren gemacht hast, dann sind die Chancen groß, dass du es falsch machst."
Charles Kettering, US-amerikanischer Wissenschaftler

Evaluation um der Evaluation willen (und dann z.d.A. – zu den Akten) ist wenig sinnvoll. Den Klienten nach einem Gespräch oder nach Abschluss der Zusammenarbeit einfach einen Fragebogen auszuhändigen oder die Fragen in einem Fragenkatalog mündlich abzuarbeiten, wird der eigentlichen Aufgabe eines Abschlusses nicht gerecht.

Ein Abschluss eines Gespräches oder das offizielle Beenden einer Zusammenarbeit mit Klienten hat drei Hauptaufgaben:

Erstens versuche ich im besten Falle das bislang Erreichte zu sichern und zu festigen und dem Klienten noch etwas mitzugeben, um das Ganze weiter zu führen - und zwar in die Zukunft.

---

[98] Wie wir gesehen haben: geht nicht. Wir sind nun mal keine Mentalisten (s. S. 91).

Zweitens möchte ich für mich als Helfer klären, was ich an der Zusammenarbeit, an meinen Angeboten und an der Vermittlung meiner Angebote noch verbessern kann. Schlussendlich will ich wissen: hat es dem Klienten *'etwas gebracht'* bei mir gewesen zu sein und mit mir gearbeitet zu haben?

Und *drittens* sollte ein Abschluss einen klaren Schluss haben bzw. Schlussstrich ziehen. Also das Treffen oder die Zusammenarbeit fürs Erste formell beenden. Jedem sollte klar sein, dass das Gespräch jetzt, nach einer bestimmten Zeit, zu Ende ist. Klare Rahmenkonditionen schaffen Sicherheit, Struktur und Zuverlässigkeit. Im Umkehrschluss kann sich der Klient sicher sein, dass ich Zeit für ihn habe, wenn und genau so lange, wie ich versprochen habe für ihn Zeit zu haben.

Wie gelingt es Ihnen, diese drei Aufgaben in der Abschlussphase eines Gespräches zu erfüllen? Wie immer in der Hauptsache mit dem Stellen der richtigen Fragen. Jedoch stets persönlich bzw. mündlich und nicht mit standardisierten Fragebögen. Diese dienen einem anderen Zweck (s. o.). Uns geht es um das *'angekoppelt bleiben'*.

WER MACHT WANN WAS?

Erinnern Sie sich noch an den Fall N. *(Erzählen lassen und Visualisieren* S. 109)? Wie wurde dort Verbindlichkeit hergestellt und der Abschluss des Gespräches eingeläutet? Nach Erörterung des gesamten Falles und aller anliegenden Fragestellungen wurde klar gefragt: *„Wer macht wann was?"* Und es wurden verbindliche Vereinbarungen diesbezüglich getroffen. Jeder hatte seine für ihn bestimmte Aufgabe. Der Klient, seine Familie, der Helfer der Familie und auch das Helferteam.

Es ist etwas anderes, wenn ich Aufgaben an den Klienten verteile oder wenn ich stattdessen selbst eine dieser Aufgaben übernehme und meinen Teil zum Gesamten dazu beitrage. Denn auch dies schafft wieder Verbindlichkeit. Reziprozität ist hier wieder das Zauberwort bzw. Wundermittel: Wechselseitigkeit. Tust du etwas für mich, tue ich was für dich – in diesem Falle nur umgekehrt. Jeder tut etwas, hat eine Aufgabe und alles ergibt dann ein Ganzes - und dient dem Klienten.

Aus der Wissenschaft

Für andere etwas zu tun, wird generell honoriert.

Mitarbeiter im Gastronomieservice wurden instruiert, die Rechnung entweder mit einer kleinen Süßigkeit oder ohne Süßigkeit zu überreichen. Wie zu erwarten, erhielten die Süßigkeitengeber ein etwas höheres Trinkgeld als die reinen Rechnungsüberbringer (heißt hier: 4 %).

Wurden zwei Süßigkeiten mit der Rechnung überlassen, verdoppelte sich dieses Trinkgeld nicht etwa, sondern erhöhte sich auf 14 %. Individualisierte die Servicekraft allerdings ihre Bemühungen beim Süßigkeitengeben und machte die Sache 'persönlich' für den Kunden, stieg das Trinkgeld auf satte 23 %.

Wie schaffte es nun die Servicekraft eine Süßigkeitengabe zu individualisieren und persönlich zu gestalten? (Und es wurde nicht der Name auf die Rechnung geschrieben, wie bei manchen Selbstbedienungscafés der Name auf den Cafébecher) Die Servicekraft legte die Rechnung mit einer Süßigkeit auf den Tisch, wendete sich ab, schien kurz zu überlegen, griff in ihre Kellnerschürze, wendete sich wieder den Kunden zu und legt eine zweite Süßigkeit zur Rechnung hinzu. Dies wurde von den Kunden wohl als persönliche Zuwendung gewertet und auch entsprechend honoriert.[99]

---

[99] Wiseman, R. (2010). *Wie Sie in 60 Sekunden Ihr Leben verändern.* Frankfurt a.M.: Fischer Taschenbuch Verlag.

WIE VERBLEIBEN WIR? WIE GEHT ES WEITER?

Es kann auch sein, dass Klienten weniger stark geführt werden müssen. Es geht in diesen Fällen tatsächlich in erster Linie um Informationsaustausch bzw. das Geben von Informationen. Trotzdem ist es sinnvoll die Ergebnisse verbindlich festzuhalten. Selbst wenn beispielsweise die Entscheidung getroffen wurde, (noch) keine Entscheidung zu treffen, sondern abzuwarten oder auf das Eintreten oder Nicht-Eintreten eines bestimmten Ereignisses zu warten.

Ist das bisherige Gespräch wirklich offen geführt worden und liegt tatsächlich die Entscheidung mehr beim Klienten, so kann gefragt werden: *„Wie verbleiben wir?"* oder *„Wie geht es weiter?"*. Direkt oder indirekt wird dadurch das 'Wir' angesprochen. Was so viel heißt, 'Ich bin weiter für Sie da' – wenn Sie etwas brauchen (wenn Sie *mich* brauchen). Es ist eine Möglichkeit vom Klienten eine Aktion zu erwarten und ein Versprechen vonseiten des Helfers.

SIND NOCH FRAGEN OFFEN?

Das eigentliche Gespräch ist zu Ende, ggf. wurden gemeinsam Vereinbarungen und Absprachen getroffen, alle stehen auf, der Helfer begleitet höflich zur Tür, Hände werden geschüttelt. Und wie Inspektor Columbo dreht sich der Klient plötzlich nochmals um und stellt dann eine 'letzte' beiläufige Frage, bringt einen Einwand oder gibt eine Information, die wirklich wichtig ist (oder im vorangegangenen Gespräch wichtig gewesen wäre) – es ist aber keine Zeit mehr, in aller Gründlichkeit darauf einzugehen. Teilweise ist es so, als hätte das Gespräch vorher nicht stattgefunden oder das Ganze wird sogar konterkariert (zumindest fühlt es sich für den Helfer so an – was eine sehr frustrierende Erfahrung ist). Dem kann man zuvorkommen, wenn man, will man das Ende des Gespräches einläuten, klar und dezidiert fragt: *„Haben Sie noch Fragen?"*, *„Sind noch Fragen offen?"*.

Wird diese Frage verneint oder werden die noch offenen Fragen geklärt, kann man sozusagen die Tafel aufheben. Es ist ein klarer Abschluss der gemeinsamen Zeit und des Gespräches.

ZUKUNFTSVORHERSAGEN

Wie wir bei der *aortokoronaren Bypass-Operation (Alle Alternativen abdecken S. 132)* sahen, hat die Vorwegnahme von 'mit hoher Wahrscheinlichkeit eintretender Ereignisse' protektive Wirkung. Sowohl für die Klienten als auch für die gemeinsame Beziehung. Zum Abschluss eines Gespräches können Sie auch anstatt nach *„Wer macht wann was?"* zu fragen auch selbst, sozusagen als Abschluss, zusammenfassen, was die Ergebnisse des Treffens waren. Sie lassen sich also das Gesagte ratifizieren. Hat Ihr Gegenüber und ggf. die anderen Beteiligten alles so verstanden wie Sie? Müssen Aussagen korrigiert oder präzisiert werden?

Selbstverständlich sollten Sie in diesem Zusammenhang die Klienten auf mögliche oder wahrscheinlich eintretende Ereignisse vorbereiten. *„Wenn Sie in diesem Fall den Brief erhalten, dann, ...",* *„Sollten Sie tatsächlich eine Sperre durch die Agentur erhalten, dann...",* *„Wenn das mit der Ausbildungsstelle bei X nicht klappt, haben wir ja noch ..."*

Sie haben vorher gemeinsam diese Alternativen entwickelt, an die Sie Ihren Klienten lediglich wieder erinnern: Plan B, Plan C, Plan D. So arbeiten Sie nachhaltig und lösungsorientiert ggf. über die gemeinsame Zeit (also nicht nur die des aktuellen Gespräches) hinaus.

WAS NIMMST DU MIT?

Gerade nach gemeinsamer anstrengender Arbeit möchte der Helfer wissen, ob er etwas 'erreicht' hat. Anstatt nun nach Fehlendem zu fragen *(„Sind noch Fragen offen?")* kann der Helfer auch positiv fragen: *„Was nimmst du mit?", „Was nehmen Sie nach dem heutigen Gespräch mit nach Hause?"* Auch hier ist die Bandbreite an

142

möglichen Antworten sehr hoch. Von „*Nix!*" über 'waren-Sie-überhaupt-anwesend?' bis hin zu guten Zusammenfassungen, die zeigen, dass die Klienten die entscheidenden Punkte zumindest gehört haben und, da sie nun mit eigenen Worten wiederholt wurden, sich ggf. auch konsolidieren.

WAR DAS SO IN ORDNUNG? BRAUCHST DU NOCH ETWAS?

Als Helfer verstehe ich mich persönlich als Dienstleister. Und aus diesem Grund ist mir die Qualität und die Nachhaltigkeit der geleisteten Arbeit wichtig. Ergo frage ich in aller Regel nach jedem Gespräch den oder die Klienten: *„War das so jetzt in Ordnung für Sie?", „Ist diese Antwort auf Ihr Anliegen ausreichend?"* Gegebenenfalls auch: *„Brauchen Sie Sie noch etwas oder genügt Ihnen das?"*

Diese (wiederum) Ratifizierung hinterlässt meist Klienten, die kurz nach innen gehen, darüber nachdenken und dann eine sehr ehrliche Antwort geben. Die Frage dient einerseits der Kundenzufriedenheit und damit dem 'Ankoppeln'.

Andererseits auch tatsächlich dazu, die 'Dienstleistung' ggf. zu verbessern. Ich senke meinen Status, da ich quasi als *Lernender* den Fachmann für das Problem frage – den Klienten. Und nur er kann entscheiden, ob es ihm hilft, geholfen hat oder nicht.

Bin ich mir zu sicher, dass ich der Fachmann bin, dass ich es besser weiß als der Klient, verliere ich ggf. den Kontakt zu ihm. Und dann läuft es nach dem Motto:

Weisheit

„Phantastische Intervention – leider der falsche Patient."

Jeffrey Zeig

INFORMATIONSFLUSS

...im Team

Helfer sind Mundwerker. Zum richtigen Zeitpunkt Informationen geben und Informationen nehmen gehört zu ihrem Geschäft und ihrer Kunst. Doch wie eingangs erwähnt, ist das Feld des Wissens im Sozialen Bereich nicht unbedingt tief, dafür allerdings sehr breit gefächert. Es ist eigentlich unmöglich, über alle Bereiche, die notwendig wären, um alle Belange der Klienten sachgerecht zu vertreten oder in die Wege zu leiten, Bescheid zu wissen. Im Idealfall sollte es nach der Devise meines Hörsaalleiters bei der Bundeswehr laufen.

Weisheit

„Ein guter Offizier muss nichts können.
Er muss nur jemanden kennen, der was kann."

Hauptmann Lukas, Hörsaalleiter
ABC- und Selbstschutzschule Sonthofen

Dort, wo Menschen zusammenarbeiten, ist unglaublich viel Wissen vorhanden, das synergetisch genutzt werden könnte. Warum könnte? Gerade Multiprofessionelle Teams oder Teams, bei denen Einzelne vor ihrer jetzigen Tätigkeit als Helfer *'etwas Ordentliches'* gelernt haben[100] oder Teams, in denen Mitglieder sitzen, die über Zusatzqualifikationen verfügen, haben ein sehr großes Wissens-*Potenzial*. Doch dieses Potenzial muss nun erkannt, geweckt und auch genutzt werden. Wird es häufig allerdings nicht.

---

[100] Die vorher etwas Grundständiges (anderes) gelernt, also schon mehr von der Welt gesehen haben.

144

Zum einen, weil man andere nicht um Hilfe bitten möchte – sei es aus Angst als unwissend oder unfähig zu gelten, aus Angst vor der Reaktion der Kollegen, aus der Überzeugung alles alleine machen zu müssen etc.?!

Zum anderen, und das ist noch viel schlimmer, weil Wissen und Information gehortet oder sogar aktiv vorenthalten werden. Wissen oder der Schein des Wissens sichert Macht und Position – sozusagen als weicher oder qualitativer 'Standortfaktor' des Mitarbeiters oder seiner Gruppe. Neid auf andere (und andere Berufsgruppen) oder Überheblichkeit spielen ebenfalls eine nicht zu unterschätzende Rolle.[101]

Das sind grundlegende Probleme, die da waren, da sind, gerne geleugnet werden und immer da sein werden. Über dieses Problem ließen sich ganze Bücher schreiben, doch mit wie viel Erfolg? Mit Logik oder Vernunft an die Sache heranzugehen ist wenig erfolgversprechend – da sind der Mensch und seine Emotionen im Wege (es geht immer um Emotionen und wir sind alle nur Menschen). Doch trotz dieses Kulturpessimismus:

Was ist zu tun? Was können Sie tun?

„Melden macht frei – und belastet Vorgesetzte". Sie müssen das Problem nicht lösen – Sie können dieses Problem nicht lösen. Das ist eine Aufgabe einer anderen Gehaltsklasse. Sie können allenfalls einen Vorgesetzten darauf aufmerksam machen, dass es überhaupt ein solches Problem gibt (was meist aber nur das Symptom eines tieferliegenden Problems darstellt).

Allerdings können Sie mit gutem Beispiel vorangehen.

---

[101] Gerade in sozialen Bereichen! Glauben Sie es oder nicht.

Weisheit

„Die beste Methode, um Informationen zu bekommen, ist die, selbst welche zu geben."

Niccoló Machiavelli (1469 - 1527),
italienischer Staatsmann und Schriftsteller

Teilen Sie das, was Sie haben: Informationen allgemeiner Natur (neue Kenntnisse der Wissenschaft, aktuelle Politik – Hauptsache, sie haben etwas mit dem Job zu tun) und Informationen die Klienten betreffend.[102]

Dabei gilt: *Small Talk* und auch *Lästern* sind Schmierstoffe im gesellschaftlichen Leben (und das ist ein Fakt).[103]

Jedoch ...

Weisheit

„Information ohne Liebe ist Desinformation."

Stefan Fleischer (*1938),
ehemals Organisator einer Großbank

Diese Informationen den Klienten betreffend, müssen wohlwollend sein: für den Klienten und im Sinne des Klienten. Was nicht heißt, dass die Information an sich unbedingt positiv sein muss. Auch eine negative Information über den Klienten kann wohlwollend oder hilfreich für den Klienten sein.

Geben Sie Informationen und teilen Sie relevante Informationen. Und fragen Sie nach Informationen – heißt: bitten Sie um Rat.

---

[102] N a t ü r l i c h nur im Rahmen gesetzlicher Regelungen und Bestimmungen.
[103] https://www.psychologie-heute.de/gesellschaft/artikel-detailansicht/40847-reden-ist-kleister.html

Viele Kollegen fühlen sich geschmeichelt, wenn man auf die richtige Art und Weise um ihre Meinung oder ihren Rat fragt.

...wer schreibt, der bleibt

WISSEN HABEN ODER BLIND CARBON COPY (BCC)

Das Sammeln, Ordnen und Nutzbarmachen von Information aller Art zur weiteren Verwendung – auch *Dokumentation* genannt.

Es gibt zwei Arten von Dokumentation. In der ersten Art (der Hauptsache) wird darunter die Dokumentation verstanden, die man machen *muss* – im Grunde für sich und seine Institution, aber nach Maßgaben einer Instanz, die das Recht hat Sie und Ihre Einrichtung zu überprüfen – entweder, weil sie Sie finanziert oder aufgrund gesetzlicher Bestimmungen oder einer Mischform von beidem. Dies kann allerdings so weit gehen, dass diese Dokumentation ausschließlich *für* diese Instanz gemacht wird – um zu gefallen oder um lediglich keinen Ärger zu bekommen.[104]

Kontrolle ist zwar gut, doch irgendwann entwickelt sich dadurch eine tsunamiähnliche Dokumentationsflut, so dass der Helfer einen Großteil seiner Zeit damit zubringt, dass zu dokumentieren, was er angeblich tut.

Doch darum soll es hier nicht gehen, sondern um die andere Art der Dokumentation (die sinnhafte Dokumentation) und die, die man für sich selbst macht – was im Grunde ein und dasselbe ist bzw. sein sollte. Sinnhaft ist Dokumentation dann, wenn es um Dinge und Sachverhalte geht, an die ich mich erinnern möchte, muss und sollte, derart, dass ggf. auch Kollegen in meiner Abwesenheit etwas damit anfangen können.

Natürlich könnte man nun eine Tabelle oder eine Aufzählung aufführen, auf der alles stünde, was in eine solche Dokumentation

---

[104] Beliebtes Bonmot im Sozialen: *Pimp my Akte*

gehört. Und schon wäre es wieder unübersichtlich und nicht zielführend.

Gehen wir anders an diese Sache heran. Vielleicht geht es Ihnen ähnlich? In meiner Ausbildung habe ich mir von den Lehrinhalten natürlich Aufzeichnungen gemacht – ich habe mitgeschrieben. Vor einer Prüfung habe ich diese Aufzeichnungen wieder hervorgeholt um zu lernen – und immer wieder die Erfahrung gemacht, dass diese beim Aufschreiben absolut offensichtlich waren und nun, Tage und Wochen später, überhaupt keinen Sinn mehr ergaben – was wollten mir diese Worte sagen? Was wollte mir mein ehemaliges Ich mitteilen?

Erst mit der Zeit gelang es mir nach und nach ein funktionierendes System für mich zu entwickeln. Sehr hilfreich war dabei eine berufliche Tätigkeit bei der Bewährungshilfe. Dort wurde tatsächlich (obgleich Computer und Aktenordner vorhanden waren) zu den einzelnen Probanden noch mit Karteikarten gearbeitet (Vorder- und Rückseite).

Auf Karteikarten ist nun aber sehr wenig Platz und zu viele Karteikarten für einen Probanden in Karteikästen sind auch nicht wirklich hilfreich oder übersichtlich. Eine Kollegin, die in ihrem ersten Leben Sekretärin gelernt hatte, zeigte mir, welche Informationen, mit welchen Abkürzungen auf die Karte gehören, damit jeder Kollege sofort durch Blick auf diese Karte wusste, was bei diesem Probanden zu beachten ist, was bisher geschehen war etc. Wenn man nun weiß, wie viele Jahre teilweise die Probanden 'aktive' Fälle blieben, ist dies sehr beeindruckend. Eine Quintessenz an nützlicher Information (neben der eigentlichen Akte mit allen Dokumenten).

Der Mensch vergisst sehr schnell. Mein Tipp an Sie: Verschriftlichen Sie alles, was Ihnen bei diesem Klienten wichtig erscheint, dass sie es auch später wieder rekonstruieren können. Dies kommt leider häufiger vor als man glaubt: Dass man wieder Informationen benötigt, von Fällen die schon abgeschlossen waren. Auch wenn Sie sich sicher sind, nie wieder etwas mit dem Klienten zu tun zu haben, dokumentieren Sie dennoch. Vielleicht haben Sie einen ähnlichen Fall und benötigen die Kontakte des alten Falles.

Entwickeln Sie für sich eine Matrix, die Sie einheitlich führen. (Zettelwirtschaft ist niemals gut und effizient).

Es genügt vollkommen kurze Notizen zu schreiben – sie sollten sich aber immer wieder drei Fragen stellen:

„Ist das wichtig?"

„Ist das so wichtig, dass ich es bei einer Übergabe an einen Kollegen erwähnen würde?"

„Werde ich das Geschriebene in einem Jahr noch verstehen und den Zusammenhang herstellen können?"

Mehr benötigen Sie nicht. Vielleicht haben Sie eine Datenbank, in der Sie all das derart schon dokumentieren können – nutzen Sie sie. Sollten Sie diese Möglichkeit nicht haben, nutzen und entwickeln Sie ein eigenes System. Es scheint wie zusätzliche Arbeit auszusehen – amortisiert sich allerdings sehr schnell.

WISSEN TEILEN ODER CC

Wie wir oben sahen ist Wissen Macht – Nichtwissen unter gewissen Umständen allerdings auch. Sie verlassen Ihr Haus und äußern Ihrem pubertierenden Teenager gegenüber eine Bitte oder Aufforderung. Beispielsweise: „Sag deiner Mutter bitte, dass ..." oder sogar „Räumst du bitte noch die Spülmaschine aus?"[105] Nun kommen Sie vom Tagwerk (oder Einkauf) rechtschaffend müde nach Hause. Die Nachricht wurde nicht übermittelt, die Spüle ist voll von dreckigem Geschirr, da in der Spülmaschine kein Platz ist – da steht nämlich das saubere Geschirr. Das Pubertier diesbezüglich befragt zeigt sich amnestisch oder dement – je nachdem, wie man es sieht. Es kann

---

[105] Niemals käme Ihnen über die Lippen, dass das Pubertier doch gefälligst sein Zimmer aufräumen solle.

sich (angeblich) nicht daran erinnern, dass es eine Bitte oder einen Auftrag gegeben hat.[106]

Ähnlich kann es Ihnen im beruflichen Alltag gehen.

Ein Schritt zurück: Es hat sich als sehr hilfreich erwiesen getroffene Übereinkünfte mit anderen, vor allem externen Institutionen schriftlich festzuhalten. Sehr gut eigenen sich da E-Mails, um an eingeleitete Prozesse zu erinnern oder diese zu festigen. Sie können den Beteiligten danken, Ihre Sicht der Dinge nochmals erläutern und die Übereinkunft aus Ihrer Sicht darstellen. Sollte es tatsächlich Diskrepanzen in den Sichtweisen geben, besteht dann die Möglichkeit für die Beteiligten nachzujustieren.

Wo ist nun der Schritt vorwärts zum Pubertier, respektive zu dessen Verhalten?

Nicht immer sind Übereinkünfte, vor allem mit externen Institutionen gütlich. Oder sogar einfacher, Sie fragen nach Informationen oder Leistung. Telefonisch erreichen Sie den Kooperationspartner nicht, daher schreiben Sie ihm eine … zwei … drei E-Mails und Sie erhalten - keine Antwort, sprich keine Reaktion. Sie fühlen sich nicht ernst genommen, wenn nicht sogar 'düpiert'.

Hier hat sich ein (sehr) einfaches Vorgehen bewährt: Sie schreiben wie immer Ihre Mail, setzen allerdings weitere Personen, Kooperationspartner, Vorgesetzte, Teams in Cc (carbon copy).

Die Ergebnisse sprechen meist für sich, ggf. treten leichte Nebenwirkungen wie Verstimmtheit und Verschnupftheit auf.

Das Kapitel, das ich nie schreiben würde…

…handelte vom Datenschutz und meiner Überzeugung, dass, wenn man sich wirklich an alle Maßgaben der Datenschutz-

---

[106] Aus diesem Grund werden beim Militär Kommandos stets wortwörtlich wiederholt.

Grundverordnung (DSGVO) hielte, ein effektives und hilfreiches Arbeiten im Sozialen Bereich nicht möglich wäre.

Informationelle Selbstbestimmung wäre wichtig. Wenn aber ein Klient sich hilfesuchend an einen professionellen Helfer wendete, müsste er davon ausgehen können und das Vertrauen haben, dass dieser nur zu seinem Wohl und Vorteil arbeitete. Der Soziale Bereich ist sehr vernetzt, die Anzahl an Kooperationspartnern sehr hoch. Um effektiv im Sinne des Klienten handeln zu können, benötigte man eine pauschale Einverständniserklärung oder Schweigepflicht-entbindung der Klienten. Diese könnte zwar gegeben werden, hätte aber rechtlich keinen Bestand. Eine Person könnte nach dieser Denke selbst über ihre Daten bestimmen. Sie dürfte aber nicht selbst bestimmen, ihr Einverständnis pauschal für einen komplexeren Zweck zu geben. Es würde also in Abrede gestellt, dass sie eine solche Entscheidung treffen könnte.

Ein beständiges Nachfragen um Einverständnis wäre allerdings ab einer kritischen Masse nicht mehr praktikabel, u. a. wegen des Faktors Menge und des Faktors Zeit.[107] Datenschutz und Schweigepflicht sollten letztendlich dem Schutz einer Person dienen (mittelbar über den Schutz seiner Daten). Doch wenn das Mittel zum

---

[107] Bei der Axel-Buchholzpreisverleihung des Saarländischen Rundfunks 2024 berichtete eine Grundschuldirektorin, dass ihre Schule ihr Schülerzeitungsprojekt nach vielen vielen Jahren wahrscheinlich aufgeben müsse. Grund dafür waren die Datenschutzbestimmungen. Noch vor einigen Jahren war es möglich, dass Eltern zu Beginn des Schuljahres eine pauschale Einverständniserklärung bezüglich der Veröffentlichung von Bildern ihrer Kinder gaben. Nun aber müsse bei *jedem* Projekt, bei *jedem* Ereignis, bei dem Bilder für die Schülerzeitung gemacht würden, die jeweiligen Erziehungs-berechtigten ihr schriftliches Einverständnis geben. Was so viel heißt wie: Kinder identifizieren, diesen Elternbriefe mitgeben, Einsammeln, Eingänge auf Richtigkeit überprüfen usw. und dies für *jedes einzelne* Ereignisse - immer wieder. Wenn man jetzt weiß, dass diese Zeitung primär aus Bildern (Grundschule) besteht, kann man sich den potenziellen Aufwand vorstellen. Die Direktorin sah sich außerstande, das Projekt fortzuführen. Was bleibt? Viel Schutz (wovor?) und wenig Erinnerung für die Kinder und ihre Familien.

Zweck und die Umsetzung einer Grundordnung wichtiger würden als der Mensch und seine Anliegen dahinter, so wäre dies gelinde gesagt fragwürdig.

Natürlich könnte man sagen, dass ein Helfer mit einer solchen Sicht auf die Dinge, sich als seinem Klienten überlegen fühlte, da er für ihn entscheide, was gut und schlecht für ihn sei.
Dies aber wäre genau der Unterschied zu anderen Bereichen, in denen der Datenschutz tatsächlich sinnvoll wäre. Dort sollte vor Missbrauch der Daten geschützt und Nachteile durch die Datenübertragung verhindert werden. Natürlich hätten beispielsweise Werbetreibende oder Versicherer Interesse an großen und personalisierten Datenmengen. Ob dies zum Vorteil der Betroffenen gereichte, mag wirklich bezweifelt werden, denn wem würde es tatsächlich nutzen? Dem, der die Daten erhöbe und nutzte oder dem, von dem sie stammten?
Durch Helfer erführe der Klient aber keinen Nachteil, sondern primär Vorteile, da die Helfer nach ihrem Verständnis für den Klienten und seine Interessen arbeiteten und kämpften. Hätte ein Helfer ein *Eigen*interesse an den Daten des Klienten und dem Datenaustausch? Einen eigenen Vorteil zum Nachteil des Klienten?

Gut, dass ich dieses Kapitel niemals schrieb.

Weisheit

Und er sprach zu ihnen:
Der Sabbat ist um des Menschen willen gemacht
und nicht der Mensch um des Sabbats willen.

Markus 2,27

... UND NOCH EIN TERTIUM

Ein letztes Wort zum Unterschied zwischen Therapie und Beratung. Im Gegensatz zur Beratung geht es bei der Therapie um Probleme mit Krankheitswert und um das Stellen von Diagnosen. Beratung zielt dagegen darauf ab, in unterschiedlichsten Lebenssituationen zu unterstützen und kompetenten Umgang mit konkreten Konflikten und Lebensthemen zu lehren (und sei daher nur für psychisch gesunde Menschen da).[108] Die Frage, welche Gruppe von Menschen (Therapiekunden oder Beratungskunden – Kunden mit Krankheitswert oder psychisch 'gesunde' Menschen) nun die Klienten von Helfern sind, stellt sich nicht wirklich. Es ist gleichgültig – Helfer dürfen und können nicht unterscheiden, wen sie nehmen – was sie mit den Klienten machen oder wohin sie ihn vermitteln schon eher. Doch dafür müssen sie mit den Klienten nun mal arbeiten und das wiederum heißt: kommunizieren. Ansonsten können sie ihren Job bzw. ihre Aufgabe nicht erfüllen.

Es dürfte mittlerweile klar sein, dass die Übergänge zwischen Kommunizieren, Beraten und Therapieren (*sanare* - heilen) fließend sind. Selbst in normalen Gesprächen und im Alltag kann man unbeabsichtigt jemanden auf die Füße treten oder etwas auslösen (antriggern), was besser nicht angerührt worden wäre. Davor ist

---

[108] Es gibt die Anekdote aus den Frühzeiten der systemischen Familientherapie: Die Forscher suchten 'funktionierende' und psychisch 'gesunde' Familien, in der Hoffnung eine Matrix erstellen zu können, was 'gesunde' Familiensysteme ausmacht. Die Idee dahinter war, nicht-funktionierende Familiensysteme (also 'kranke' Familien) besser und schneller erkennen zu können, um dann spezifisch intervenieren zu können. Diese Suche wurde nach kurzer Zeit eingestellt. Nicht aus ethischen Gründen – es wurden einfach keine 'gesunden' Familien gefunden.

153

niemand gefeit. Deshalb aber übervorsichtig zu sein (*cavere*) und nichts oder nur vermeintlich Sicheres zu tun, wäre genauso falsch.

Es bleibt dabei: Die ersten beiden Teile der *hippokratischen Tradition* **„primum non nocere, secundum cavere"** (*nicht schaden* und *vorsichtig sein*) sind eine gute Richtschnur für die Kommunikation von Helfern. Doch was ist mit dem Dritten, dem Tertium? In der hippokratischen Tradition ist es 'sanare': Heilen. Doch das ist nicht die ureigenste Aufgabe von Helfern.

Was wäre ein guter dritter Schritt beim professionellen Kommunizieren? Da doch der Erste verneint ist (also, was man *nicht* tun soll – *nicht* schaden) und der Zweite im besten Falle noch neutral genannt werden könnte - was wäre ein guter Schritt in die richtige Richtung?

Der römische Dichter Horaz hat hier einen guten Ratschlag – eigentlich eine Empfehlung für Dichter und die Dichtkunst - er passt jedoch auch sehr gut als Tertium für die Kommunikation von Helfern: **prodesse et delectare** - die Kommunikation von Helfern soll **nützen und erfreuen.** Denn nur Informationen, die auf fruchtbaren Boden fallen (erfreuen), werden etwas Positives zur Folge haben (nützen).

In diesem Sinne hoffe ich, dass dieses Buch nicht nur informiert, sondern auch unterhält, erfreut und letztendlich inspiriert?! Denn dann ist es für Sie nützlich, im besten und oben genannten Sinne.

Abschließende Weiheit

„Ich wickele den Lebertran der Information in die Schokolade der Unterhaltung, damit er sich leichter schluckt."

Robert Lembke

ANHANG

Ein Ziel ist ein in der Zukunft liegender, gegenüber dem Gegenwärtigen im Allgemeinen veränderter, erstrebenswerter und angestrebter Zustand (Zielvorgabe). Eine Ereignisfolge, meist menschlicher Handlungen, zu einem definierten Zweck.

Ein Zielformulierung ist *wohlgeformt,* wenn…

… das Ziel im Präsens formuliert ist: keine Zukunftsformen oder Konjunktive.

… das Ziel (sinnspezifisch) konkret beschrieben wird (messbar wird) und konkrete Schritte vereinbart worden sind („Erster Schritt").

… das Ziel selbst initiiert und aufrechterhalten werden kann.

… das Ziel realistisch ist.

… das Ziel für den Klienten attraktiv und anziehend ist.

… sie den räumlichen, zeitlichen, sozialen oder sonstigen Kontext beschreibt und miteinbezieht.

… die Zielerreichung ökologisch ist – was sind die negativen Effekte, wenn ich das Ziel erreiche? Und wie gehe ich damit um?).

… das Ziel terminiert ist (einen Anfang und/oder ein Ende hat).

… sie **keine** Negationen enthält.

… sie **keine** Vergleiche enthält.

… die Zielphysiologie im Hier und Jetzt körperlich (physiologisch) demonstrierbar (beobachtbar) ist.

… alle benötigten Ressourcen für den Klienten zugänglich und/oder organisierbar sind

… das Ziel eine angemessene Größe hat (der richtige Chunk)

Kurz: Ein Ziel ist ein Wunsch mit Datum

ANHANG II

Nichts in diesem Buch ist wirklich neu. Es ist wie mit allem: Alles schon mal da gewesen – es kommt nur in einem neuen Gewand daher.

Der Samurai Tsunetomo Yamamoto hat zwischen 1710 und 1716 das HAGAKURE geschrieben. Es beschäftigt sich mit dem Ehrenkodex der Samurai. Unter anderem beschreibt er, wie man andere belehren sollte. Ich hoffe, es kommt Ihnen bekannt vor.

Aus dem HAGAKURE – Der Weg des Samurai

Es ist einfach, das Gute und Böse in einem anderen herauszufinden; gleichermaßen ist es einfach, ihn für seine Verfehlungen zu kritisieren. Viele Menschen halten es für angebracht, anderen offen Ratschläge zu erteilen über etwas, was nicht bereitwillig akzeptiert wird und als Thema schwer anzuschneiden ist, und geben auf, wenn die Ratschläge nicht angenommen werden. Das nutzt niemandem, weil andere so nur der Scham und dem Gesichtsverlust ausgesetzt werden. Solche Ratschläge beruhigen lediglich den Geist des Ratgebers. Bevor man einem anderen einen Rat erteilt, muss man zuerst feststellen, ob der andere sich in geeigneter Verfassung befindet, mit einem für Belehrung offenen Geist und dann so familiär mit ihm werden, dass er dem Ratgeber vertraut. Man muss hin und wieder die Aufmerksamkeit des anderen erregen, indem man auf dessen Neigungen und andere Dinge, die ihn interessieren, eingeht. Dann muss man sorgsam die beste Zeit und Methode auswählen und die beabsichtigte Belehrung beiläufig einfließen lassen, ohne direkt zu belehren, sondern in Form von gelegentlichen Briefen, Abschiedsbesuchen oder diskretem Gespräch über die eigenen Mängel und Schnitzer. Wahres Belehren liegt darin, den anderen die Ermahnung ganz natürlich schlucken zu lassen, wie Wasser in einer durstigen Kehle, wie eine Kur für die Verfehlungen des anderen, nachdem man ihn durch Loben seiner Stärken aufgebaut hat. Belehren ist eine schwierige Aufgabe.

KLEINER EPILOG ALS DANK

Am Schluss noch eine kleine letzte und wahre Geschichte:

In meiner Studienzeit wollte ich meine erste schriftliche Hausarbeit von einer Freundin querlesen lassen. Diese arbeitete als HiWi (Hilfswissenschaftlerin) an der Uni und studierte Germanistik. Und was tut eine Germanistin? Sie *korrigiert*, _understraicht_, _unterschlängelt_. Am Rand schrieb sie in Rot *G*, *R*, *A*. Eigentlich die Farbe der Liebe. Oder wie es auf der Seite eines Farbenherstellers steht: „*Die Wirkung von Rot ist* **repräsentativ, kompromisslos und energiegeladen**."[109] Könnte man so sagen. Kompromisslos und energiegeladen war dann auch meine Reaktion. Ich teilte ihr mit, dass sie gefälligst nur einen (vorzugsweise grünen) Kreis um die Stelle ziehen solle, der ihr auffalle oder nicht gefalle. Gesagt, getan.

Kurze Zeit später berichtete sie sehr erfreut, dass ihr Studenten Blumen mitbrächten, sie vor Freude umarmt und auch geküsst hätten. Als HiWi musste sie Studenten Feedback über deren schriftliche Arbeiten geben. Da es sich nur um Feedback und nicht um Notengebung handelte, versuchte sie es auf die neue Art und Weise. Und die Reaktionen waren – wie oben dargestellt. Die Studenten freuten sich über das Feedback, sie wussten, was sie anders machen sollten. Vor allem fühlten sie sich nicht bewertet. Vielleicht erinnert Sie das ja an die Selbstbestimmungstheorie von Seite 126? Sollte es zumindest.

Warum ich dies schreibe? Ich danke meinen beiden Töchtern (Tabita und Noëmi) dafür, dass Sie so häufig meinen Geschichten zuhören. Ich danke meiner Frau Silvia für das Querlesen und meiner Lektorin (in diesem Falle Noëmi) für die richtige Art des Feedbacks – mit der ich gut umgehen konnte und die vielen...

Genau so ist es richtig.

LITERATURVERZEICHNIS

Asbell, B., & Wynn, K. (1996). *Du bist durchschaut!* Bergisch-Gladbach: Bastei-Lübbe-Taschenbuch.

Bahnsen, U., & Schnabel, U. (11. 02. 2016). *Was ist das Ich?* Abgerufen am 11. 04. 2024 von https://www.zeit.de/zeit-wissen/2012/02/Mensch-Individuum-Selbstbewusstsein: https://www.zeit.de/zeit-wissen/2012/02/Mensch-Individuum-Selbstbewusstsein/seite-3

Bandler, R., & Grinder, J. (2011). *Die Struktur der Magie I: Metasprache und Psychotherapie* (12. Ausg., Bd. 1). Paderborn: Junfermann.

Benz, A. (04. 03. 2022). *Mythos Spiegelneurone.* (Spektrum der Wissenschaft Verlagsgesellschaft mbH) Abgerufen am 28. 02. 2024 von spektrum.de: https://www.spektrum.de/news/was-steckt-wirklich-hinter-den-spiegelneuronen/1991029

Brell, C. (30. 08. 2019). *Selbstbestimmungstheorie der Motivation nach Deci und Ryan.* Abgerufen am 11. 02. 2024 von cbrell.de: https://cbrell.de/blog/selbstbestimmungstheorie-der-motivation-nach-deci-und-ryan/

Chill, I. (2017). *Brainwash und Einsichtsfalle: Indirekt direktive Kommunikation mit jungen Menschen in Maßnahmen.* Norderstedt: BOD - Books on Demand.

De Jong, P., & Berg, I. K. (2014). *Lösungen (er-)finden* (7. Ausg.). Dortmund: verlag modernes lernen.

Eilert, D. (2013). *Mimikresonanz: Gefühle sehen. Menschen verstehen*. Paderborn: Junfermann Verlag.

Goldstein, N., Martin, S., & Cialdini, R. (2018). *YES* (2. Ausg.). Bern: Hogrefe.

Grinder, J., & Bandler, R. (1984). *Therapie in Trance: Hypnose, Kommunikation mit dem Unbewußten*. (C. Andreas, Hrsg.) Stuttgart: Klett-Cotta.

Haley, J. (1978). *Die Psychotherapie Milton H. Ericksons* (8. Ausg.). Stuttgart: Klett-Cotta; Leben Lernen.

Hartmann, C. (24. 10. 2019). *Wie wir unsere Ziele erreichen*. (spektrum.de, Herausgeber) Abgerufen am 07. 02. 2024 von spektrum.de/news/motivation-wie-wir-unsere-ziele-erreichen/1681136: https://www.spektrum.de/news/motivation-wie-wir-unsere-ziele-erreichen/1681136

Hartmann, L. (11. 04. 2018). *Intelligent loben statt Intelligenz loben*. Abgerufen am 02. 03. 2024 von https://www.uni-mannheim.de/forschung-erleben/artikel/intelligent-loben-statt-intelligenz-loben/: https://www.uni-mannheim.de/forschung-erleben/artikel/intelligent-loben-statt-intelligenz-loben/

Hauschild, J. (06. 11. 2020). *Reden ist Kleister*. Abgerufen am 08. 03. 2024 von psychologie-heute.de: https://www.psychologie-heute.de/gesellschaft/artikel-detailansicht/40847-reden-ist-kleister.html

Hegmans, N. (2013). *Paul Watzlawick - Wenn die Loesung das Problem ist (1987)*. Abgerufen am 13. 01. 2024 von youtube.com: https://www.youtube.com/watch?v=cl4aZTPsTSs&t=685s

Hellmann, J. (24. 01. 2016). *RUMMS oder pling – Wie schnell war das Auto beim Unfall?* (J. Hellmann, Produzent, & Stichting In-Mind Foundation) Abgerufen am 02. 03. 2024 von de.in-mind.org: https://de.in-mind.org/blog/post/rumms-oder-pling-wie-schnell-war-das-auto-beim-unfall

Hofmann, E., & Löhle, M. (2004). *Erfolgreich Lernen, Effiziente Lern- und Arbeitsstrategien für Schule, Studium und Beruf.* Göttingen: Hogrefe.

Howes, R. (30. Dezember 2009). The Ideal Psychotherapy Client, Are you a YAVIS? *Psychology Today*. Abgerufen am 7. Februar 2024

Institut für Demoskopie Allensbach Institut für Publizistik Univerität Mainz. (2019). *Welchen Anteil haben Text, Erscheinungsbild des Redners, Betonung und Gestik an der Gesamtwirkung eines Vortrags?* Abgerufen am 03. 03. 2024 von https://docplayer.org/: https://docplayer.org/106785494-Welchen-anteil-haben-text-erscheinungsbild-des-redners-betonung-und-gestik-an-der-gesamtwirkung-eines-vortrags.html

Johnstone, K. (2010). *Improvisation und Theater.* Berlin: Alexander Verlag.

Kilchenstein, T. (05. 01. 2019). *"Es gibt keinen Grund zu zweifeln"*. Abgerufen am 15. 02. 2024 von https://www.fr.de/eintracht-frankfurt/gibt-keinen-grund-zweifeln-10994085.html#:~:text=Das%20Thema%20eines%20m%C3%B6glichen%20Wechsels,Jahr%20hier%20nicht%20Trainer%20bin: https://www.fr.de/eintracht-frankfurt/gibt-keinen-grund-zweifeln-10994085.html#:~:text=Das%20Thema%20eines%20m%C3%B6glichen%20Wechsels,Jahr%20hier%20nicht%20Trainer%20bin

Klassenregeln der Klasse 8. (kein Datum). Abgerufen am 15. 02. 2024 von www.yumpu.com/de: https://www.yumpu.com/de/document/read/23356242/klassenregeln-der-klasse-8-hauptschule-zoznegg

Laferton, J. A.-M. (27. Mai 2023). *EXPECT- Eine präoperative psychologische Kurzintervention zur Erwartungsoptimierung vor einer Herzoperation*. Abgerufen am 03. 03. 2024 von osf.io/preprints/psyarxiv/jm3gx: https://osf.io/preprints/psyarxiv/jm3gx

Mai, J., & Rettig, D. (2011). *Ich denke, also spinn ich*. München: Deutscher Taschenbuch Verlag.

Miller, W., & Rollnick, S. (2009). *Motivierende Gesprächsführung*. Freiburg i.Br.: Lambertus.

Pérez, A., Carreiras, M., & Duñabeitia, J. (23. 06. 2017). *https://www.nature.com/articles/s41598-017-04464-4.* Abgerufen am 07. 04. 2024 von Brain-to-brain entrainment: EEG interbrain synchronization while speaking and listening: https://www.nature.com/articles/s41598-017-04464-4

Revenstorf, D., & Burkhard, P. (Hrsg.). (2001). *Hypnose in Psychotherapie, Psychosomatik und Medizin; Manual für die Praxis.* Berlin, Heidelberg: Springer.

Sänger, A. (2006). *Praxisbaustein: Das Projekt »Selbstwirksamkeit«.* Abgerufen am 17. 02. 2024 von https://www.pedocs.de/volltexte/2009/553/pdf/TH_Selbst wirksamkeit.pdf: https://www.pedocs.de/volltexte/2009/553/pdf/TH_Selbst wirksamkeit.pdf

Schlippe von, A., & Schweitzer, J. (1997). *Lehrbuch der systemischen Therapie und Beratung* (3. Ausg.). Göttingen: Vandenhoeck u. Ruprecht.

Schulz von Thun, F. (2004). *Miteinander Reden 1: Störungen und Klärungen* (39. Ausg., Bd. 1). Reinbeck: Rowohlt Taschenbuch Verlag.

SPEKTRUM der Wissenschaft. (2024). Therapeutische Allianz, Dem Menschen sein Selbstbild lassen. *Gehirn&Geist*(Nr. 06/2024).

Spitzer, M. (2006). *Nervenkitzel: Neue Geschichten vom Gehirn.* Frankfurt a. M.: Suhrkamp Verlag.

Spitzer, M. (2007). *LERNEN, Gehirnforschung und die Schule des Lebens.* Berlin Heidelberg: Spektrum Springer Verlag.

Spitzer, M. (2007). *Vom Sinn des Lebens; Wege statt Werke.* Stuttgart: Schattauer GmbH.

Stahl, T. (1993). *Neurolinguistisches Programmieren (NLP): Was es kann, wie es wirkt und wem es hilft* (3. Ausg.). Mannheim: PAL.

TarGroup Media GmbH. (2024). *soziales-studieren.de.* Abgerufen am 24. Februar 2024 von Was ist Soziale Arbeit?: https://www.soziales-studieren.de/infos/soziale-arbeit/

Trageser, W., & Münchhausen von, M. (2000). Die NLP-Kartei, Practitioner-Set. Paderborn: Junfermann.

Trenkle, B. (2012). *Dazu fällt mir eine Geschichte ein.* Heidelberg: Carl-Auer-Systeme Verlag u. Verlagsbuchhandlung GmbH.

Van Baaren, R., & Holland, R. (2003). Mimicry for Money: Behavioral Consequences of Imitation. *Journal of Experimental Social Psychology*, 393ff.

Verlag European Kinaesthetics Association. (04. 03. 2021). *Maschinen (triviale und nichttriviale).* Abgerufen am 29. 02. 2024 von https://wiki.kinaesthetics.de/wiki/Maschinen_(triviale_und_nichttriviale): https://wiki.kinaesthetics.de/wiki/Maschinen_(triviale_und_nichttriviale)

Voracek, M. (2000). *Symptomverschiebung.* Abgerufen am 11. 02. 2024 von Springer Link: https://link.springer.com/chapter/10.1007/978-3-211-99131-2_1888

Watzlawick, P., Beavin, J., & Jackson, D. (2000). *Menschliche Kommunikation, Formen Störungen Paradoxien* (10. Ausg.). Bern: Verlag Hans Huber.

Watzlawick, P., Weakland, J., & Fisch, R. (2020). *Lösungen* (9. Ausg.). Bern: Hogrefe.

Weber, M. (04. 03. 2021). *Wie das Gehirn unsere sozialen Beziehungen verarbeitet.* Abgerufen am 03. 03. 2024 von deutschlandfunkkultur.de: https://www.deutschlandfunkkultur.de/mentale-landkarten-wie-das-gehirn-unsere-sozialen-100.html

Widulle, W. (2020). *Gesprächsführung in der Sozialen Arbeit, Grundlagen und Gestaltungshilfen* (3. Ausg.). Wiesbaden: Springer-VS.

Wikipedia – Die freie Enzyklopädie. (22. 04. 2022). *Dr.-Fox-Experiment.* Abgerufen am 28. 02. 2024 von de.wikipedia.org/wiki/Dr.-Fox-Experiment: https://de.wikipedia.org/wiki/Dr.-Fox-Experiment

Wikipedia – Die freie Enzyklopädie. (12. 12. 2023). *Kommunikation.* Abgerufen am 1. 3. 2024 von https://de.wikipedia.org/wiki/Kommunikation: https://de.wikipedia.org/wiki/Kommunikation

Wikipedia – Die freie Enzyklopädie. (23. 07. 2023). *Pygmalion-Effekt.* Abgerufen am 02. 03. 2024 von de.wikipedia.org/wiki/Pygmalion-Effekt: https://de.wikipedia.org/wiki/Pygmalion-Effekt

Wikipedia – Die freie Enzyklopädie. (20. 11. 2023). *Rosenthal-Effekt.*
Abgerufen am 02. 03. 2024 von
de.wikipedia.org/wiki/Rosenthal-Effekt:
https://de.wikipedia.org/wiki/Rosenthal-Effekt

Wikipedia – Die freie Enzyklopädie. (20. 01. 2024).
Selbstbestimmungstheorie. Abgerufen am 11. 02. 2024 von
de.wikipedia.org/wiki/Selbstbestimmungstheorie:
https://de.wikipedia.org/wiki/Selbstbestimmungstheorie

Wikipedia – Die freie Enzyklopädie. (7. Februar 2024). *Soziale Arbeit.*
Abgerufen am 25. Februar 2024 von
de.wikipedia.org/wiki/Soziale_Arbeit:
https://de.wikipedia.org/w/index.php?title=Soziale_Arbeit
&oldid=241949948

Wiseman, R. (2010). *Wie Sie in 60 Sekunden Ihr Leben verändern.*
Frankfurt a.M.: Fischer Taschenbuch Verlag.

REGISTER

Ankoppeln   23 ff., 38, 43 ff., 51
Abkoppeln   43 ff.
Abschluss Gespräch   137 ff., 139
Adept   15
Alternativen abdecken   130 ff.
Angst nehmen   119
Antworten, richtige   63
Arbeitsfelder, sozial   16
aufsuchende Arbeit   17
Auftrag   17
Autonomie   126
Axiom Watzlawick   48

Bcc   147
Begeisterung   71
Beziehungsaspekt   48
Bonini-Paradoxon   15

Cc   149 f.

Datenschutz   150 ff.
Dead man`s Rule   77
deduktiv   15
digitale Sprache   42
Dokumentation   147
dumm stellen, sich   125

Ethischer Imperativ   126 f., 128
Evaluation   137 f.

fabulieren   80 f.
fragen   78

Generalisierung   83
Genogramm   112 ff.
Grundannahmen NLP   33, 49, 67

Hagakure   156
helfende Berufe   16
hippokratische Tradition   22
Hypnose   41, 131
Hypnotherapie   65, 128

induktiv   15
Informationen   146
~ geben   119
Informationsfluss   144 ff.
~ im Team   144 ff.
Informationsoffensive   61 f.
Inhaltsaspekt   48

Komm-Struktur   17
Kommunikation   10 ff., 49
Kommunikationsmodelle   12 ff.
Kommunikationstheorie   45
kommunizieren   11
Kompetenz   126
Kongruenz   89 ff.
Konjunktiv   99 ff.
Kontext   96 f.
Körpersprache   24, 38 f., 49

Loben   36 f., 71 f.
Logische Ebenen   25 ff.
~ Fähigkeit   26, 30

REGISTER

~ Glaubenssatz   26, 35
~ Identität   27
~ Umwelt   26, 28 f.
~ Verhalten   26, 30
~Werte   27, 33 ff.
Lösungsorientierte Beratung   92 ff.
Lösungsorientierung   92 ff.

Mandat   17, 124
männliche Form   9
Marlboro-Mann   27
Meta-Modell der Sprache   83
Metapher   42 f.
Mimik, Mikroexpressionen   11, 91
MOS-Klientel   19 f.
Motivation   61 ff.
Motivierende Gesprächsführung   116

Neurolinguistisches
   Programmieren   25, 128
nicht schaden   22, 154
nichttriviale Maschine   80
NLP   25, 33 f., 49, 83
noncontingent reward experiment   54
Non-MOS-Klientel   19
Non nocere   22, 154
nonverbal   11, 18, 48, 89, 138

Oberflächenstruktur Sprache   47 f.
One-Dollar-Erwartung   69

Pacing   38 ff.
Paraphrasieren   50 f.
Pflichtaufgaben, staatliche   17
Pygmalion-Effekt   68

Reaktanz   37, 65
Realität   13
Ressourcen   96, 114
Reziprozität   119, 140
Rosenthal-Effekt   68

Satzmelodie   42
Schwarze Pädagogik   8
Selbstbestimmungstheorie   126
Servicegastronomie   23, 140
Skalieren, händisch   115 ff.
Small Talk   104 f., 146
Soziale Arbeit   19 f.
Soziale Eingebundenheit   126
Soziales Wesen   36, 40, 126
Spiegeln   39 ff.
Sprachrhythmus   42
Status senken, eigenen   121 ff.
Symptome wegmachen   127
Systemische Grundhaltung   129

Tiefenstruktur Sprache   47 f.
Tilgung   83
Trinkgeld   23, 140
triviale Maschine   31

unbestimmte Ausdrücke   17 f.
Universalquantoren   88 f.
Unspezifische Sprache   86 f.
Utilisation   65

Vergleiche   84 f.
Verneinungen   72 ff.
Verzerrung   83
Vier-Ohren-Modell   45 f.

Visualisieren   *104 ff., 107 ff.*
Vorbehalte nehmen   *119*

Wahrheit   *52, 54 ff.*
Wahrheit, keine   *55*
Warum   *78 ff.*
W-Fragen   *78, 81*
Wohlgeformte Ziele   *83 ff., 155*
Wunderfrage   *92*

YAVIS-Klientel   *18 f.*

Ziele   *82 ff.*
Zielsetzung   *18*
Zirkularität   *101 f.*
Zoon politikon   *40*
Zugehörigkeit, soziale   *36, 126*